心一堂術數古籍珍本叢刊

書名：蔣大鴻嫡傳水龍經注解 附 虛白廬藏珍本水龍經四種（六）
系列：心一堂術數古籍珍本叢刊 堪輿類 蔣徒張仲馨三元真傳系列 第二輯 192
作者：【清】蔣大鴻編訂、【清】楊臥雲、汪云吾、劉樂山註
主編、責任編輯：陳劍聰
心一堂術數古籍珍本叢刊編校小組：陳劍聰 素聞 梁松盛 鄒偉才 虛白盧主

出版：心一堂有限公司
通訊地址：香港九龍旺角彌敦道六一〇號荷李活商業中心十八樓〇五—〇六室
深港讀者服務中心：中國深圳市羅湖區立新路六號羅湖商業大厦負一層〇〇八室
電話號碼：(852)67150840
網址：publish.sunyata.cc
電郵：sunyatabook@gmail.com
網店：http://book.sunyata.cc
淘寶店地址：https://shop210782774.taobao.com
微店地址：https://weidian.com/s/1212826297
臉書：https://www.facebook.com/sunyatabook
讀者論壇：http://bbs.sunyata.cc/

版次：二零一七年七月初版
平裝：十冊不分售

定價：港幣 二千八百元正
新台幣 一萬零八百元正

國際書號：ISBN 978-988-8317-46-2

香港發行：香港聯合書刊物流有限公司
地址：香港新界大埔汀麗路36號中華商務印刷大廈3樓
電話號碼：(852)2150-2100
傳真號碼：(852)2407-3062
電郵：info@suplogistics.com.hk

台灣發行：秀威資訊科技股份有限公司
地址：台灣台北市內湖區瑞光路七十六巷六十五號一樓
電話號碼：+886-2-2796-3638
傳真號碼：+886-2-2796-1377
網絡書店：www.bodbooks.com.tw
台灣國家書店讀者服務中心：
地址：台灣台北市中山區松江路二〇九號一樓
電話號碼：+886-2-2518-0207
傳真號碼：+886-2-2518-0778
網絡書店：http://www.govbooks.com.tw

中國大陸發行 零售：深圳心一堂文化傳播有限公司
深圳地址：深圳市羅湖區立新路六號羅湖商業大厦負一層〇〇八室
電話號碼：(86)0755-82224934

心一堂微店二維碼

心一堂淘寶店二維碼

道光戊申重刊

水龍經

鍾飴山房藏板

秘傳水龍經序

大鴻氏所傳地理之書惟歸厚錄最著世多有之此水龍經五卷絕無見者不知何時入玉峯席氏質庫其人得重價以去遂置不取遠質庫易主雜亂字紙中余發覆得之識為秘本常庋行笈卜兆相居頗得其用念世止有此本恐遂淪失且原書多有顛倒錯互及脫句訛字併妄添作書姓名楊筠松劉伯溫之類因槩加釐正重錄一過而以原書仍歸清河氏嘗出以示雲間為水龍家言者如張式之王瑾光輩咸歎詫為僅覯各鈔錄

以去亦可知其書之足貴重已矣余考山龍水龍從古各判在詩公劉之篇陟則在巘乃陟南岡則覘山龍之法也觀其流泉芮鞫之卽則覘水龍之法也而定之方中亦以升墟降觀對舉則知混合爲一者乃後世淺說而非古法安得以是爲大鴻之剏見也乎獨是書法既莫傳而歷史藝文志咸以其術爲形家者言何居豈非度地之法全在辨形山之形尚須登陟眺望復嶺重岡難於移步卽近若水之形顯呈地上溯沿洄漩百里一覽乃猶有以斜爲正以鋭爲圓誤世戕人者不鮮然則

術書論境要歸無用惟夙具神解兼殫苦功乃能升堂入奥此大鴻於書中數以神而明之知所變通爲言歟又書中極重三元九宮而天元心法余求之數十年迄無善本知大鴻之學所不傳者政多矣大鴻與雲間陳夏諸名士游最善於書無所不窺孤虛遁甲占陳候氣下至麴閑擊刺皆精究之又能隱形飛遁故世言玉笥先生起紹興時必欲與共事邀致之鏑固密室一夕失所在健騎四出跡之無有也意其爲知幾審微遠舉絕塵之士而余見玉峯卧龍山人葛芝送大鴻北遊敘有

曰蔣子志士也是役也甯飢寒之是驅不庾之是懼葢將涉淮泗歷鄒魯徜徉於漁陽上谷之間夫淮泗韓侯之所游釣文成所從受書地也鄒魯之國孔宮之鐘鼓無恙闕里之楸檟猶存也漁陽上谷耿弇吳漢中興勲業所由起也蔣子驅車其間慨然必有所得矣葛君之言如是則又似懷材欲試有投石橫草之思者將其人固多奇著書立言特其餘事而爲形家之學又其餘之餘乎并誌之以竢考云

乾隆二十四年歲次丁亥鶴市逬亭程穆衡識

秘傳水龍經敘

自鴻濛開闢以來山水爲乾坤二大神器並雄於天地之間一陰一陽一剛一柔一流一峙如天覆地載日旦月暮各司一職後世地理家罔識厥旨第知山之爲龍而不知水之爲龍即有高談水法者亦唯以山爲體以水爲用至比之兵之聽將婦之順夫於是山之名獨尊而水之權少絀遂使平陽水地皆棄置水龍之眞機而附會山龍之妄說舉世茫茫有如聾瞶此非楊曾以來未晰此義也古人不云乎行到平陽莫問龍只看水遶

是眞龍又云平陽大地無龍虎漭漭歸何處東西只取水爲龍扦着出三公其言之曉暢條達隱隱在人耳目間人自不之察耳至其裁製格法實鮮專書發揮未備卒使學者面牆無徑可入是豈以山之結構有定水之運動無窮人苟知水龍作法將大地山河隨所指顧不難握神機而參造化故引而不發爲造物惜此秘與歟夫高高在上哀此下民亦欲使千古不傳之藴宣露一時苟知而不以告人爲不仁告而不以實爲不信予不揣固陋欲爲後此通人彥士執鞭前驅因無極之傳發

杼要妙盡泄楊公之訣、俾蕩然大闢、以山龍屬之高山、以水龍屬之平壤、二法判然而不相合、不憚大聲疾呼、以正告天下、有識之士、閒亦信之、從來迷謬、于焉洞豁、予雖自喜其闡明之非偶、而且恐恐焉懼冒陰陽之譴、又何敢貪天之功、以爲已力也、方予初傳水龍之法、未之古今文獻、茫無顯據、及得幕講禪師玉鏡經、千里眼諸書、於入穴元機、始有符契、未幾又得水龍經若干篇、乃嘆平陽龍法、未嘗無書、但先賢珍重、不肯漫泄於世、爾因無刊本、閒有字句之訛、用加校讐、詮次編成五卷、一卷明行龍結穴大體支榦相乘之法二卷述水龍上應天星諸格三卷指水龍托物比類之象四卷明五星正支穴體吉凶大要五卷義全四卷而縱橫言之一三四卷得之吳天柱先生二卷得之查浦故宦家五卷覓之吾郡最後得作者姓名或有或無其言各擅精義互見得失合而觀之水龍軌度無踰此矣學者以此為體而更以三元九宮易卦乘氣為用譬之大匠水龍者榱桷杞梓而三元九宮則方圓繩墨也譬之丹家水龍者鼎器藥物而三元九宮則精瑩火候也名材不搜公輸

杜陵 陝西長安南五十里
湖南湖北安徽
江蘇 丹陽

無所施其巧、鉛汞不備、伯陽無以運其神、故天元心法、誠爲至矣、而是書又曷可少乎、經之爲名、不可漫加、茲故因而不革、實可藏之金匱石室、與青囊狐首、並垂不朽、後之學者、苟非有過人之福、天牖其衷、未獲覯此書也、希世之寶、唯有德者當之、尚其知敬也歟、尚其知懼也歟、杜陵蔣平階大鴻氏題於丹陽之水精菴

秘傳水龍經目錄

星鈐篇

星鈐三十六圖在傳心刻本卷中未載

卷之三

總論

水星背象格說

諸格五十八圖

卷之四

總論

論枝幹二圖

諸格一百八十七圖

秘傳水龍經卷一

雲間　蔣平階大鴻　輯訂

總論

此卷專明水龍支幹之理葢以通行大水爲行龍而謂之幹以溝渠小水爲割界而謂之支穴法取支不取幹猶之高山起伏重巖疊嶂之中反無眞結而老龍發出嫩枝始有結構也篇中主意常以幹龍遶抱取氣形局形以支龍正合交會取內氣孕育其於水龍之理論之特爲美備葢大江大河雖有灣抱其氣曠渺與墓宅不

親斷難下手須於其旁另有枝水作元辰遶抱成胎則吉氣內生并大水之氣脉皆收攬而無餘斯為大地予覩舊家名冢支川小榦首尾通流其形曲折千轉但得龍腹穴全雖無內堂界水亦得大發其小支盡處或一水單纒或雙流界抱深藏婉麗毓秀鍾靈世家大族所在都有不必盡論外局其福力已不可限量故此書不可盡拘然小榦無支其局雖大必須久而後應終難驟發支龍無榦其效雖捷而氣盡易衰不能綿遠究不若支榦相扶之地可希旦夕之功而亦可期代興之舉也

然則此書之義其可廢而不察歟至所重在特朝之水迎秀立穴此雖正論然必欲其迎秀入朝猶是一偏之論蓋水龍妙用只在流神曲秀生動化機自呈前後左右無往不宜順逆去來隨方協應以予所見凡以坐向首尾為駕馭有權或左或右皆未免偏於公位耳若湖蕩龍法則此書皆取衆水環聚蓋即倣山龍圖式顛倒星辰之說也果如此圖局法固妙但予偏觀吳楚之地三江五湖巨浸多矣求合此等圖式百無一遇亦在通其說以會其意爾必按圖索驥毋乃太愚乎要之湖蕩

之脈亦當深明支榦蓋太蕩即名大榦必須於旁又求支水立穴然後發福可期若穩取大蕩陽宅尚有歸收陰墓必難乘接其借外砂包護亦即支榦之法而變用之者也至於水龍作用全在八卦三元江河湖蕩其歸一也不精此義縱得合格大地未免求福而反受其禍此又乾坤之秘要聖哲之心傳而非作書者所能知也此書作者不著姓名大約近代人手筆其每篇立論未免尚存流俗之見予以支榦之說爲水龍第一義故節取其圖列之首卷若一一泥乎其說則於眞實際分反

致河漢是貴學者之善繹此書耳大鴻氏筆記

氣機妙運論

太始惟一氣耳究其所先莫先於水水中滓濁積而成土水土震蕩水落土出山川以成是以山有聳翠之觀而水遂有波浪之勢經云氣者水之母水者氣之子氣行則水隨水止則氣畜子母同情水氣相逐猶影之隨形也夫氣一也溢於地外而有迹者爲水行於地中而無形者爲氣水其表也氣其裏也內外同流表裏同運此造化自然之妙用故欲知地氣之趨東趨西卽水之

或來或去可以得其槩矣故觀氣機之運者必觀諸水川上之嘆宣聖所以見道於逝者乎然行龍必有水輔止龍必有水界行龍氣者唯在於水故察其水之自來即以知龍氣發源之始止龍氣者亦在乎水故察其水所交會即以知龍氣融結之處經云界水則止又曰外氣横行内氣止生旨哉斯言澂夫天地之氣陰與陽而已易曰一陰一陽之謂道又曰陰陽互藏其宅動静互爲其根陰陽相嬗萬物化醇郭子有云獨陽不生獨陰不成陰陽合德而生成之功備故山脈之峙水脈之流

各有陰陽水者陽也山者陰也二者交互不可須臾離也地脈之行藉水以導之地脈之止藉水以疑之旣能導其行又能疑其止者何也蓋外氣旣與內氣復合二氣相盪而成物猶夫婦交媾而生育之功也陽爲雄陰爲雌陽以畜陰陰以含陽卽雌雄相會牝牡相姤之情也故曰陰陽相見福祿永貞冲陽和陰萬物化生此天地自然之化機也合而言之混沌之體卽萬物統體一太極之妙用分而言之隨物之物又萬物各具一太極之尤與也知太極之理則可以悟化機之妙知化機

之妙則可以語形象之學矣

自然水法歌 歌中萬頃字指田言

水法最多難盡述略舉大綱釋迷試世傳卦例千數家
彼吉此凶行不得自然水法君須記無非屈曲有情意
來不欲沖去不直橫不欲反斜不急橫須遶抱及灣環
來則之元去屈曲澄清渟畜甚為佳傾瀉急流何有益
八字分開男女淫川流三派業將傾急瀉急流財不聚
直來直去損人丁左射長男必遭殃右射幼子受災傷
若還水從中心射中房之子命難長掃卻羅城子息少

冲心射脇孤兼寡、反跳人離及退財、捲簾塡房與入贅、
潛清出人多俊秀、污濁生子多愚鈍、大江汪洋朝萬頃、
暗扶爵祿食五鼎、池湖凝聚卿相職、汪洋水朝貴無敵、
飄飄斜出是桃花、男女荒淫總破家、生人出入好遊蕩、
終朝吹唱逞奢華、屈曲流來秀水朝、定然金榜有名標、
水如流去無妨礙、財豐亦主官高遷、水法不拘去與來、
總須屈曲去仍迴、三迴五轉來顧穴、悠悠眷戀不忍別、
何用九星并八卦、生旺死絶皆虛說、述此一篇眞口訣、
讀者胸中須透徹、莫惑時人卦例言、禍福有無當自別、

榦水城垣格

大江大河、或從東南來、或從西南來、中間雖有屈曲處、亦不見回頭環繞、如雁之飛、略無回翔之勢、斷不下止、雖水勢滔滔、終非龍脉凝聚之處、豈堪作穴、經云、界水則止、又云、界水所以止來龍、若一二十里、倘不見回頭之水、則前之屈曲處、乃行龍處也、經云、龍落平陽如展席、一片茫茫、難捉摸、平陽只以水爲龍、水纏便是龍身消、故凡尋龍須看來水迴繞處求之、然水之來路遠、其勢寬大、中間雖有小回頭處、乃直龍脉、束氣結喉之所、尙未結穴、直至大纏大迴之處、方始聚氣、然到頭形勢寬大、又難捉摸、必須求支水界割何如、必得支水插腹、界出內堂、砂水包裹、不疎不密、形局完固方爲眞穴若非支水界割、則雖大水環繞、終茫茫無可指點、葢勢寬則氣蕩、形大則氣散、內無支水、一片頑皮何以立穴、縱無大害、必難發福矣、

斜水散氣格

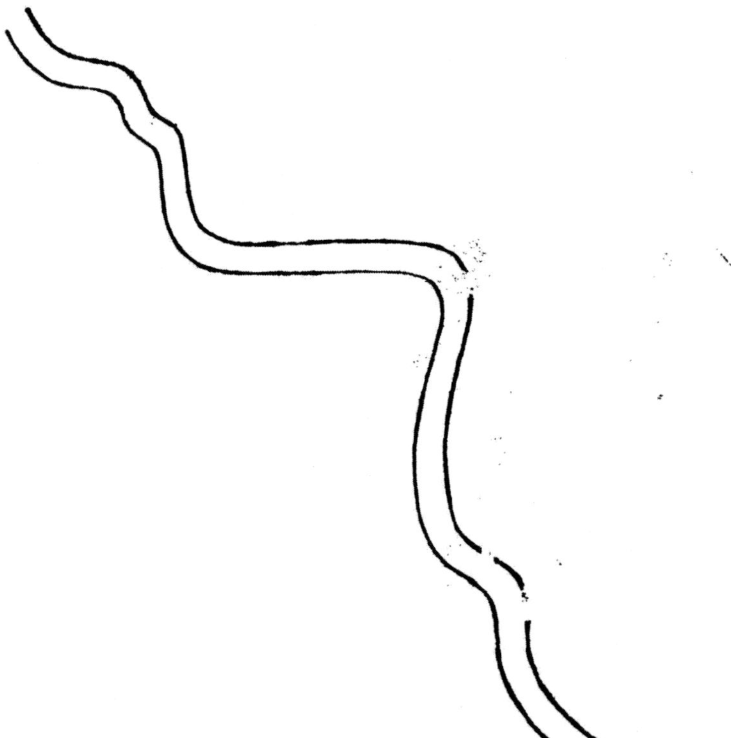

榦水斜行、似有曲折、而非環抱、又無枝水、以作內氣、總不結穴

枝水交界格

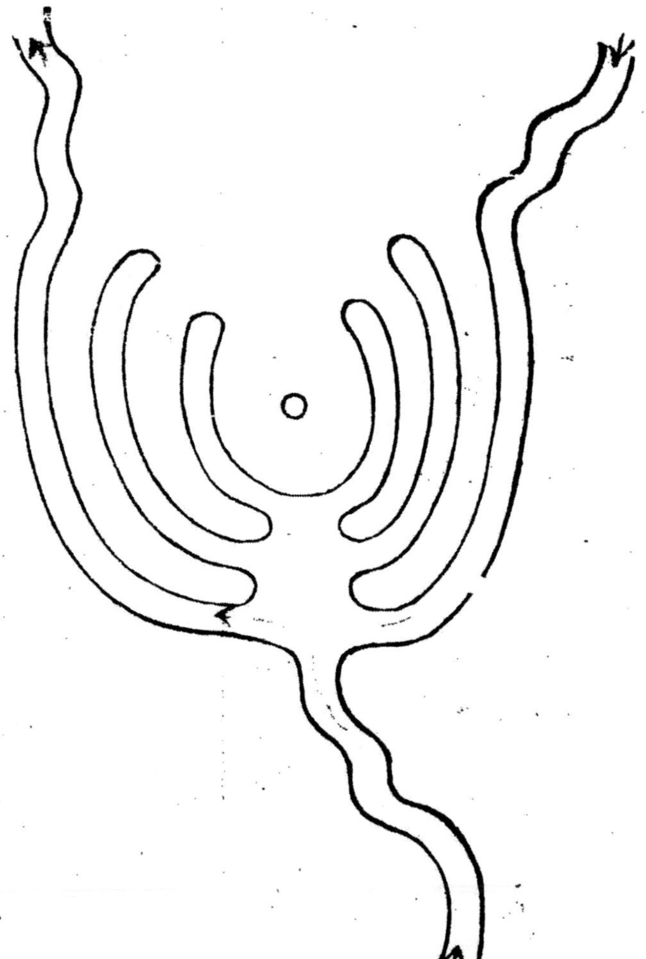

右前一枝大江自右倒左右後一枝大江亦自右趨左與前倒左水合流屈曲而去此名兩水合流一水引脈之局又云兩水合出是眞龍龍從右來穴倚左局中龍脈實入卻要尋枝水插腹割界以作內局須龍虎前後左右朝抱包裹周密方可立穴此局腹中插入小水分界左右重重交鎖三分三合束氣結咽龍脈至頭員淨端嚴形勢極秀橫來橫受向前面砂水灣抱處立穴以迎西來之水其福力甚大

伎水交界格

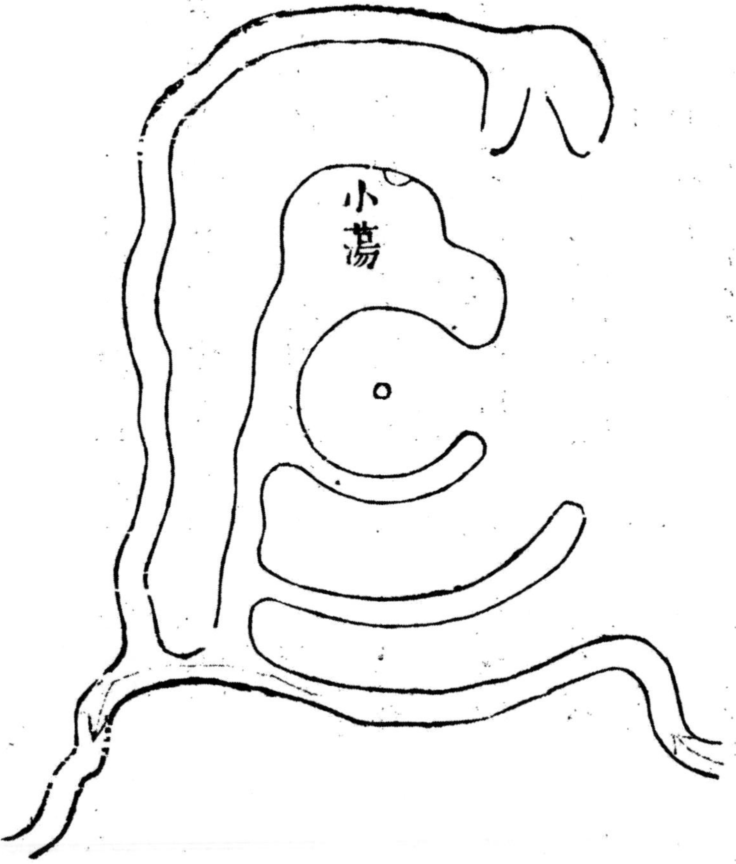

此局受水只從後面右邊來遶、元武水雖不回頭、卻於左邊局後屈曲而去、乃眞氣也、又妙在大水去處插一枝水、左向上前灣抱過右、即收作外包裹、又於左之右插一枝水、分作兩股、一股向局後界出龍派、一股向局前聚水、成池、砂水雙雙回頭於左、此亦橫來而側結穴也、前有小蕩聚水、若對小蕩作穴、亦發科甲、

枝水交界格

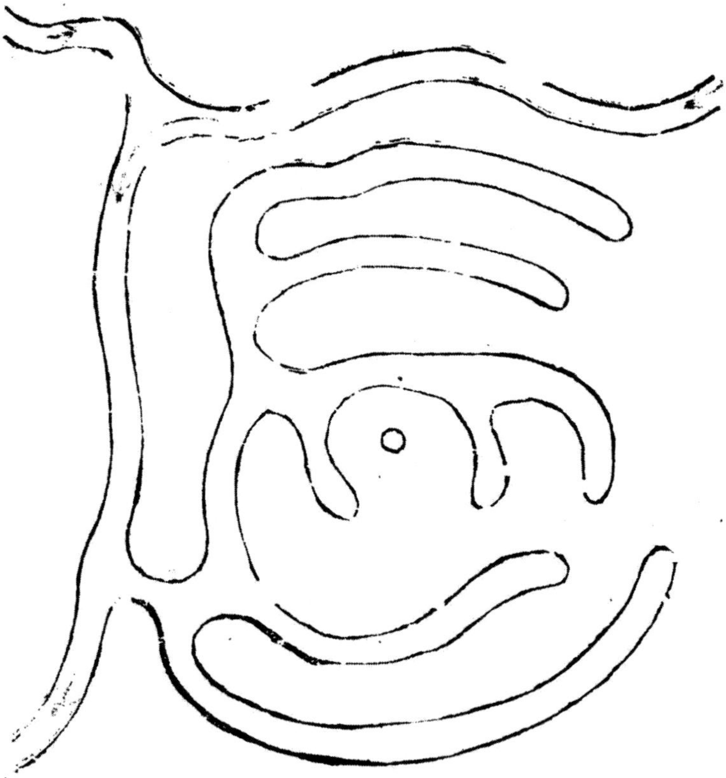

西南水來、送東南來水、出東北、卻於東北插一枝水、分界於左右、作龍虎砂、橫夾於前後、中間插枝水、橫界於前、左右有金魚水、爲之緊拱、橫水正受來水、護衛周密、三分三合、氣脈完固、經云、水要有分合、有合氣方洽、自局、三分三合、而轉頭向西、委曲活動、略無硬直之殺、自是富貴全美、若東南屈曲而來、龍脈更秀、文翰聲名可甲天下也、

枝水交界格

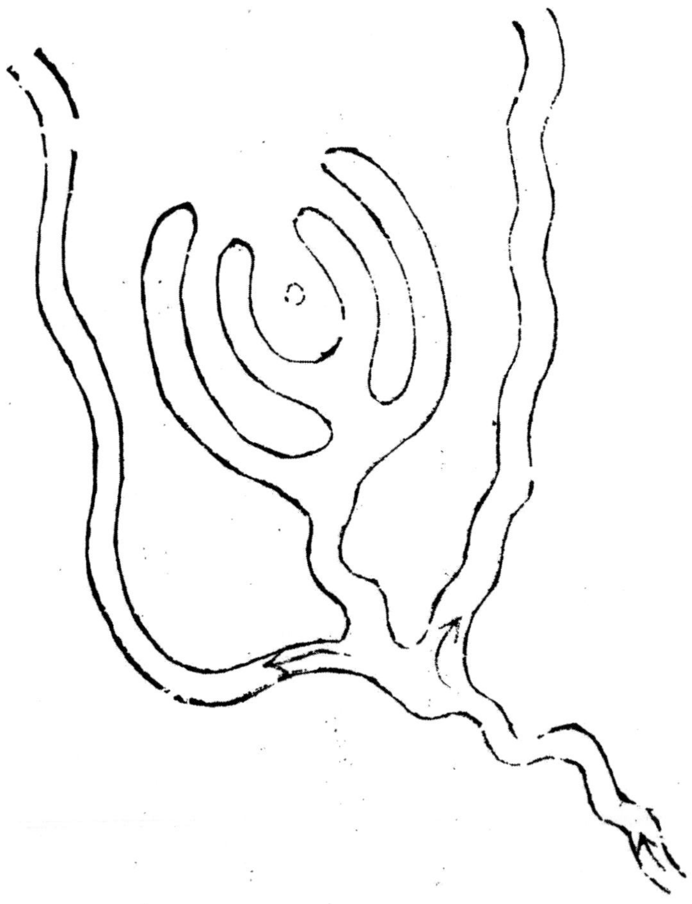

[illegible]曲以遠朝左山為宜

坐下或從東北或從西北插一枝水上南屈曲一路向左一路向右割界左右龍虎交鎖及抱坐下成龍虎交抱勢到頭成仙人掌仰結仰窩穴若迎來脈立穴取向則爲回受穴若順水立穴取向則爲順枝穴如得龍虎砂抱於前其秀必速此二法俱可但看前後朝應如何如前有遠朝可迎立向爲回受穴如後有曲水遠朝或遠山呈秀作順枝穴此勢雖纒元武灣抱如弓並無分泄城郭完固局勢周密主百子千孫朱紫滿門若東北或西北一路水分泄而去其力量便輕矣

曲水朝堂格

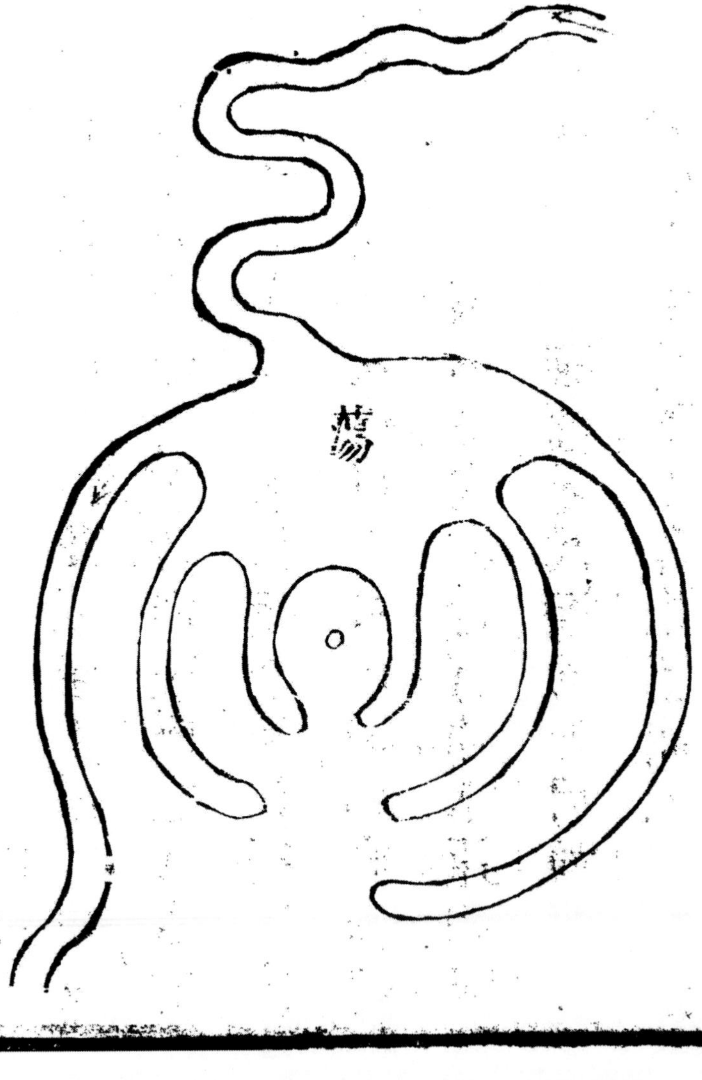

順水立穴
富發不足

穴前曲水不問三曲五曲周匝整肅自右過東抗身迴抱而去卻於曲水後分枝劃界作重重龍虎分列在左右雙雙回頭朝顧如拜如揖穴後枝水分合三關四峽重重結咽束氣兜收得此形勢極爲周密秀水完固來水屈曲呈秀來脈尊貴端嚴龍虎重重護衛主有百子千孫世出魁元神童宰相若穴前含畜聚水富堪敵國若水係左來於穴前屈曲而去其福力不減但貴官無財傳家淸白

曲水朝堂格

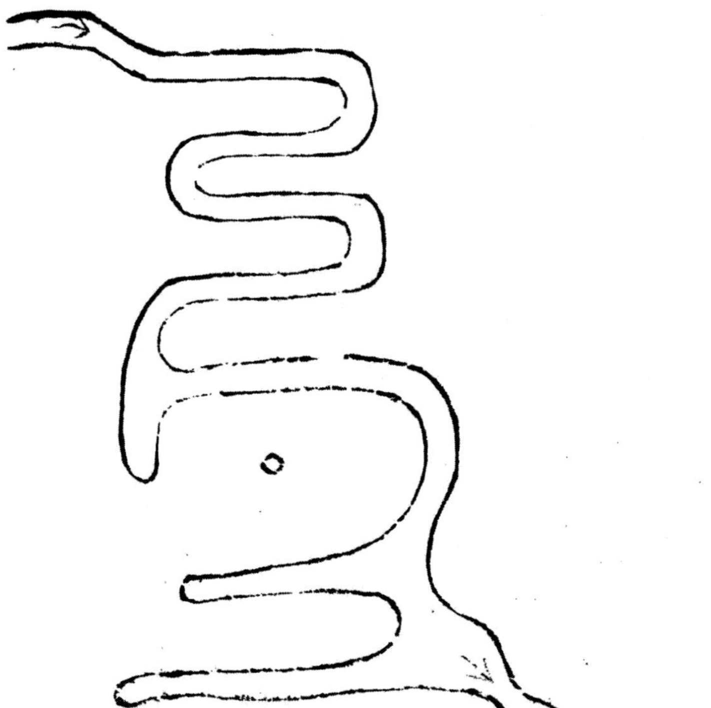

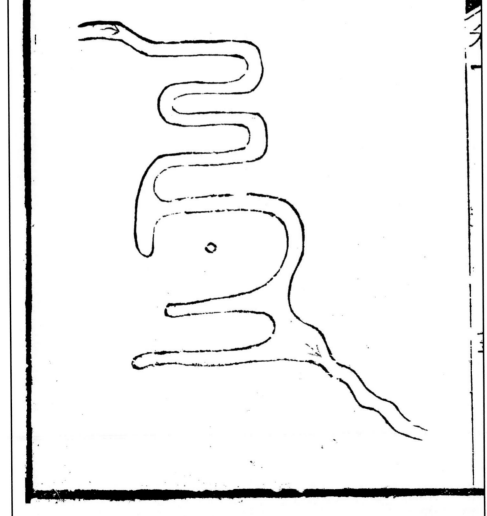

凡見曲水當面朝來橫過穴前須得就身迴抱屈曲而去坐下要枝水割界兜收龍脈或一重二重三重疊疊遶於穴之前後方成體勢其穴前橫界收水不宜太濶太濶則氣蕩不宜太狹太狹則氣促面前朝水箭射恐被傷洩此局曲水一路單纏兜收脈氣凝聚大能發福但坐下無元武水大江遶護乃是行龍要結非盡龍也其力量比兩水合出稍輕若得去水在元武後回頭屈曲而去更自不同

依二十五頁之說
左纏發長房

曲水朝堂格

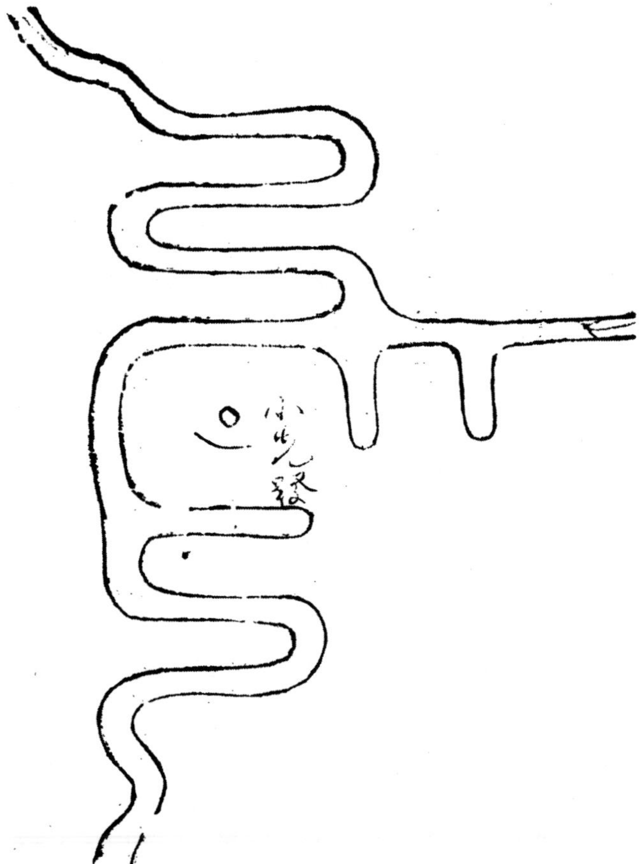

三元法水倒左
者為下元之局
依此論合參
則下元之局發
小房較大房
早

穴前秀水當面朝來與右來橫水合流倒左就身迴抱而遶元武卻又回頭望東北而流來則屈曲去則回顧更得右水交會較之一水單纏殊為差勝水交砂會龍盡氣鍾此大地也主人丁繁盛富貴榮昌凡右水倒左灌堂而前面秀水過堂者長房遲發右邊水灌堂而曲水從左倒右者長房與次幼房並發如右水與穴前曲水分泄而去則小房不發更主遷移過繼易姓離鄉

曲水朝堂格

此勢與前曲水遶堂到堂遶青龍纒元武法合前局周密緊促此局左來就身夾下稍長而寬龍脈趨歸元武秀水在前欲就曲水立穴則氣聚在後而脫氣欲立穴就氣聚處則曲水遠而承受不盡如此形勢必有枝水插入腹中兜收其氣使前不礙曲水後不脫龍氣前親後倚方能發福而主文翰之貴先發長房次發中房小房若更得去水之元則力量悠久

曲水朝堂格

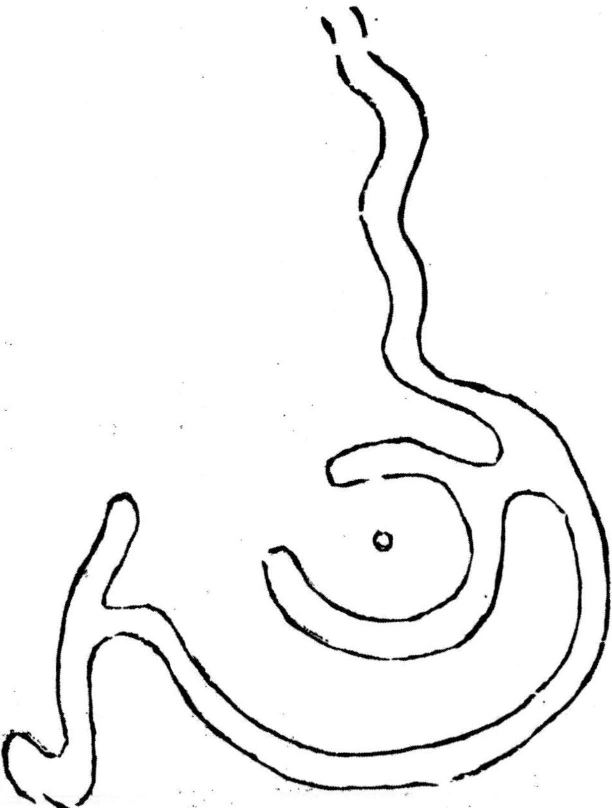

或從左來屈曲到堂或從右倒就身環抱遶元武而去
或從右來屈曲到堂從左倒就身環抱遶元武而去其
曲處須要如元字或之字樣不懈不疎整肅周匝至穴
前卻如彎弓就身遶轉包承於穴後得此形勢甚佳若
形勢太寬中間須得枝水割界脈絡淸奇為妙若局勢
周密雖無枝水割界亦可立穴

近局發近代
遠局發遠代

曲水朝堂格

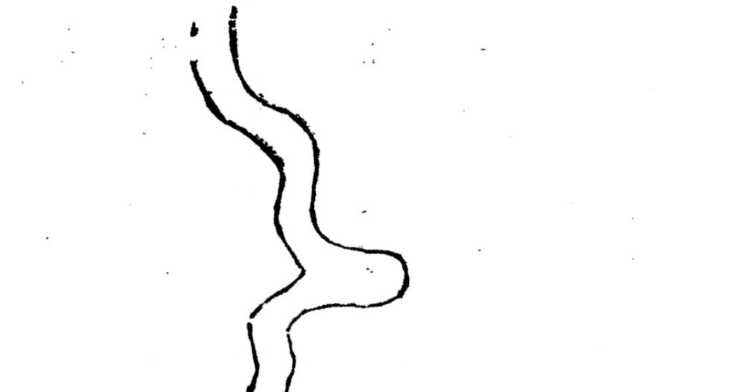

凡曲水朝堂須要伸縮整齊、厚薄相等、不宜東拽西竄、如風之擺柳偃草、或蓋過穴或不蓋過穴、參差錯亂、若此者水雖屈曲猶無取也此勢割界結咽、內氣合局、亦能發福、但主子孫淫逸輕狂飄蕩廢業若得水進局、作一一摺、朝抱有情亦主初年發貴、要穩行至搖動擺跌處、不免退敗之憂矣

曲水單纏格

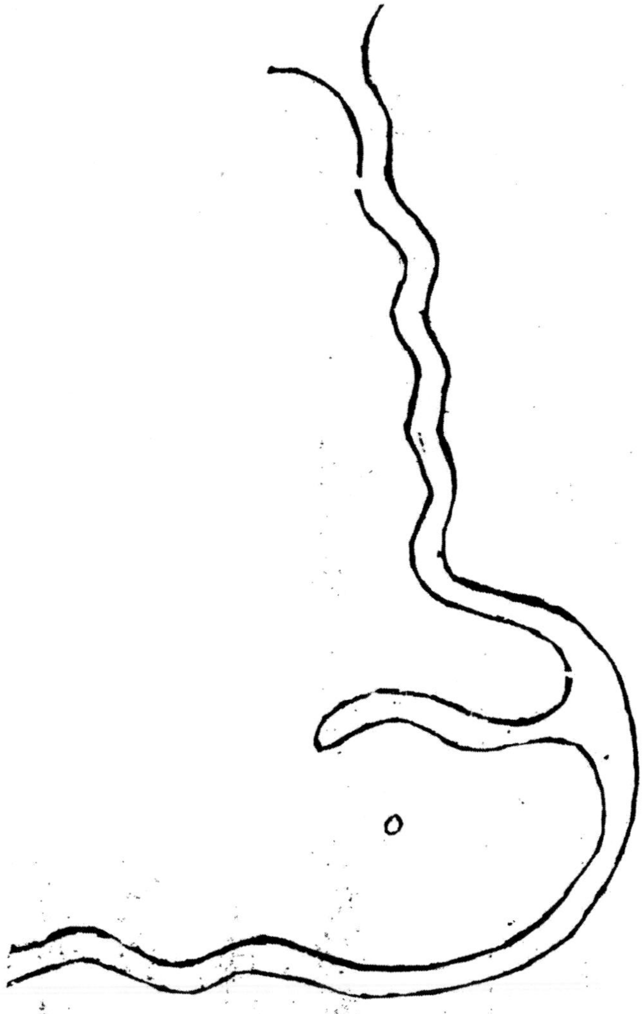

凡曲水朝堂須得三橫四摺、如之如元摺摺抱過穴場、又須轉摺處不至沖射方妙若來水雖見屈曲而東牽西拽、固不可用或形如纏索穴前雖見灣抱而前面一路殊非秀麗、亦不爲吉其不沖不破者僅可小康倘有沖擊或左右前後略見分泄必主破壞矣若邉水如帥之字或形如展索而穴前灣抱蓋得過穴望之不見前面沖射、亦主三四十年發福及水步行至之日即退甚矣不可不辨此圖外局既全內氣復固美不可言、

曲水單纏格

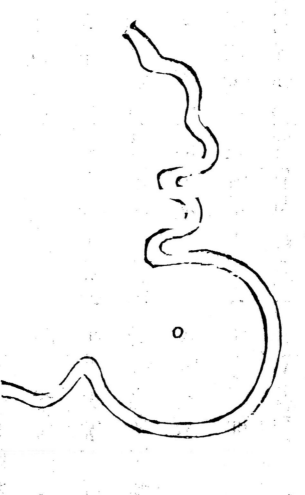

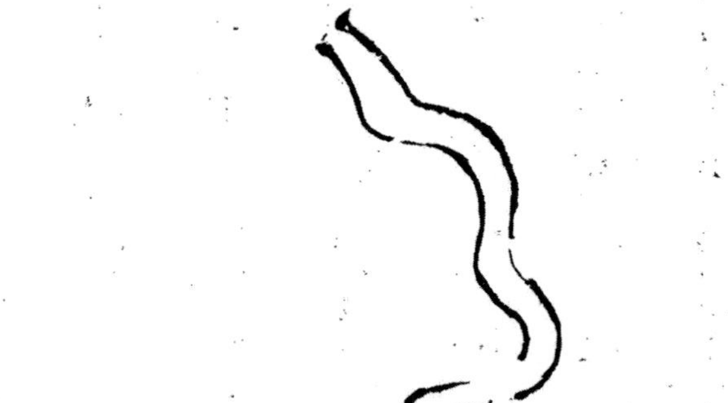

一水單纏、只要屈曲有情、或從東南來、或從西南來、摺摺調勻、不牽不拽、不疎不密、其三曲四曲、厚薄相等處未即結穴、直至迴翔環繞、如滿月之形、方成體勢、其去水亦要回頭顧家、所謂洋洋悠悠、顧我欲留是也、又云來要之元、去要屈曲、然屈曲去處、最怕如繩索樣屈曲不遠即反背走跳、亦非結穴地、此勢水從東南來、三五旋摺、到局前抱如滿月、前面不厚不疎、而獨到須一曲、厚而員淨、此爲水星曲池穴也、去水向東北者、變奇也、

曲水單纏格

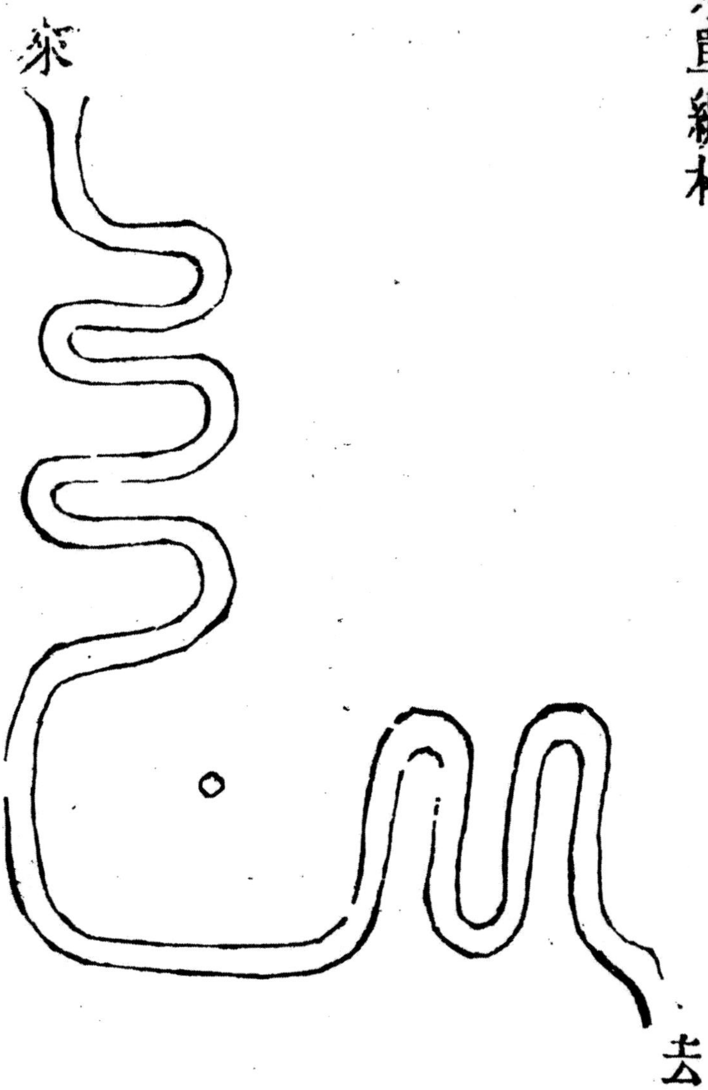

三橫九曲當面朝堂不疎不密不牽不拽曲曲縈謝遶

靑龍纏白虎回頭顧家屈曲而去中間並無枝水揷界左右兜乘眞氣於中此亦名水星曲池穴穴前曲水端肅皆宜正受望曲水立向此名曲水朝堂纏靑龍遶元武前後左右緊抱拱秀乃大地也賦云爲官淸貴多因水遶靑龍發福悠長定是水纏元武更兼曲水朝堂去水回頭水法中之最吉者凡曲池不宜太寬長則氣恐蕩而無歸元武穴向前正受必有脫氣失脈之患若見寬大必得枝水兜架方妙此勢主出狀元宰輔文翰滿朝三房並秀百子千孫富貴悠長

曲水單纏格

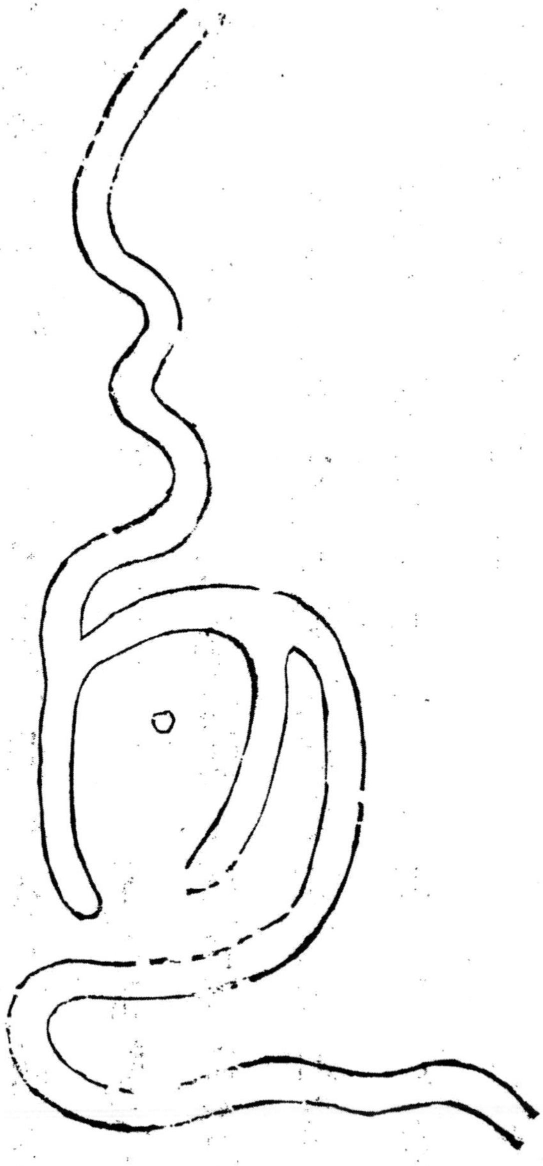

凡一水單纏局內不宜太寬、太寬則氣不歸聚、亦不宜太狹、太狹則生氣急迫、故局勢寬者、須前後左右有枝水兜乘、不使散蕩方妙、如蕩左兜左蕩右兜右、又得元武水遶過穴後、上下包裹、則秀氣完固、局勢周密、而發大福、此局曲水當面朝堂、從左倒右、遶白虎纏元武、卻又回頭、復從元武而去、局內左右、金魚夾界、其氣凝聚、此爲眞穴、又名游龍戲水、

曲水單纏格

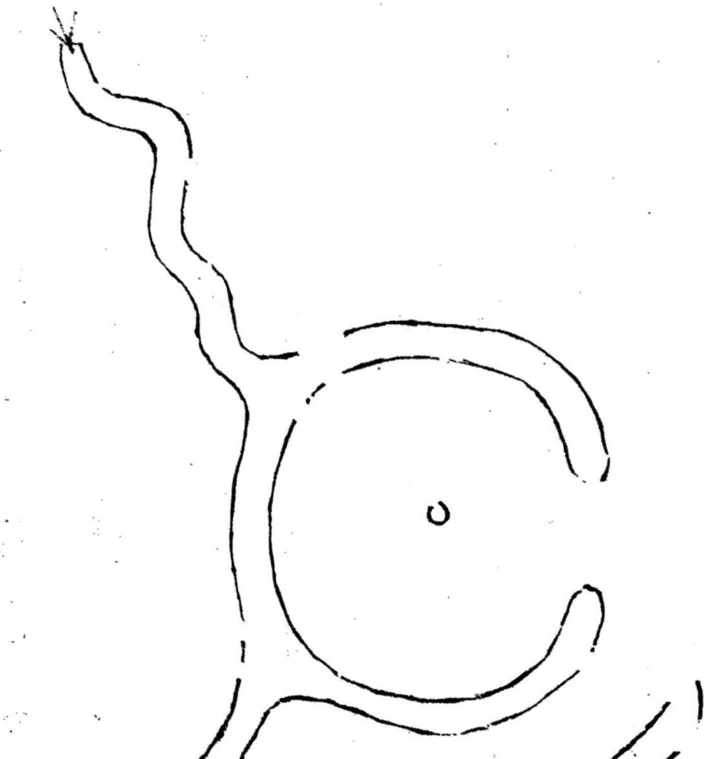

凡曲水左來朝堂、不疎不密、不拽不竄、摺摺整齊者、宜從曲水到處立穴、若穴前一水、橫迎曲水合流者、須得小枝水插界於後、方能收曲水之秀、

兩水夾纏格

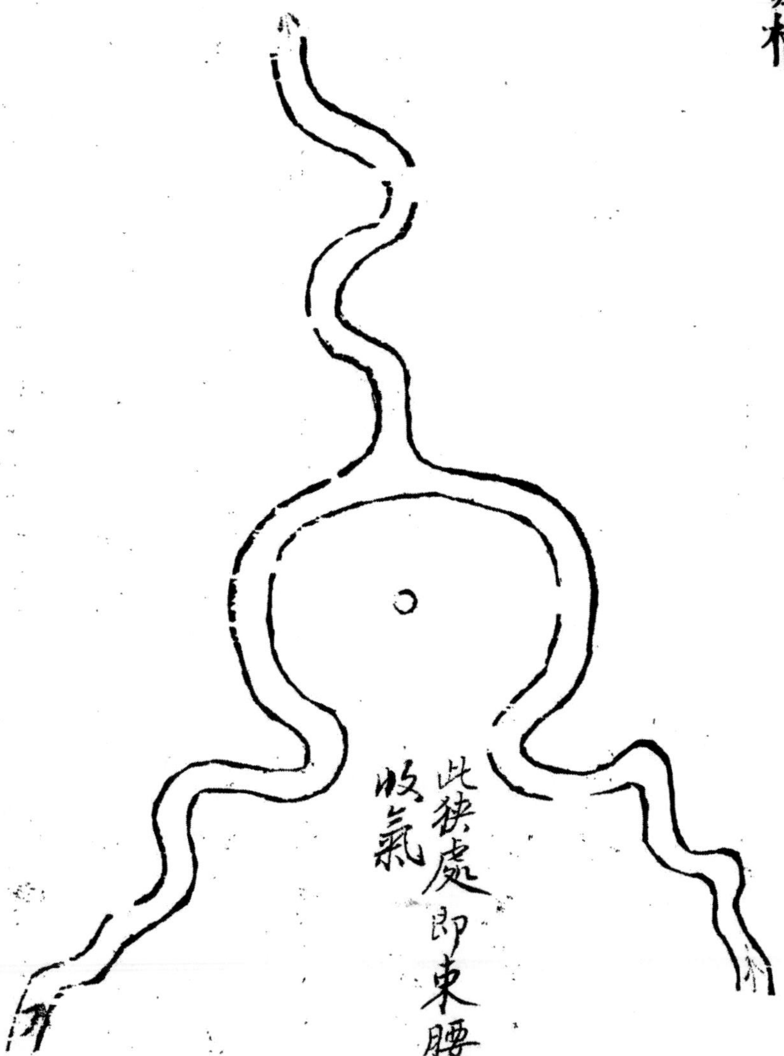

水向前去不富

前有瀦水縱去亦富

一水夾纏合流而出來見之元去見屈曲局內緊拱不寬不蕩不必枝水割界成形只要中間界割束覆收氣局勢自然完固二水合出前面三五摺屈曲整齊當面曲水立向雖是順水而不至直流直去則亦不嫌於順局也龍盡氣鍾而更得外堂曲水有情明堂內砂如織女拋梭節節兜乘則水雖去而氣自固也主發文翰但清貴而不富若局寬而得枝水兜揷成局而得瀦水更有回頭砂包裹穴場自能發財貴而又富

水纏元武格

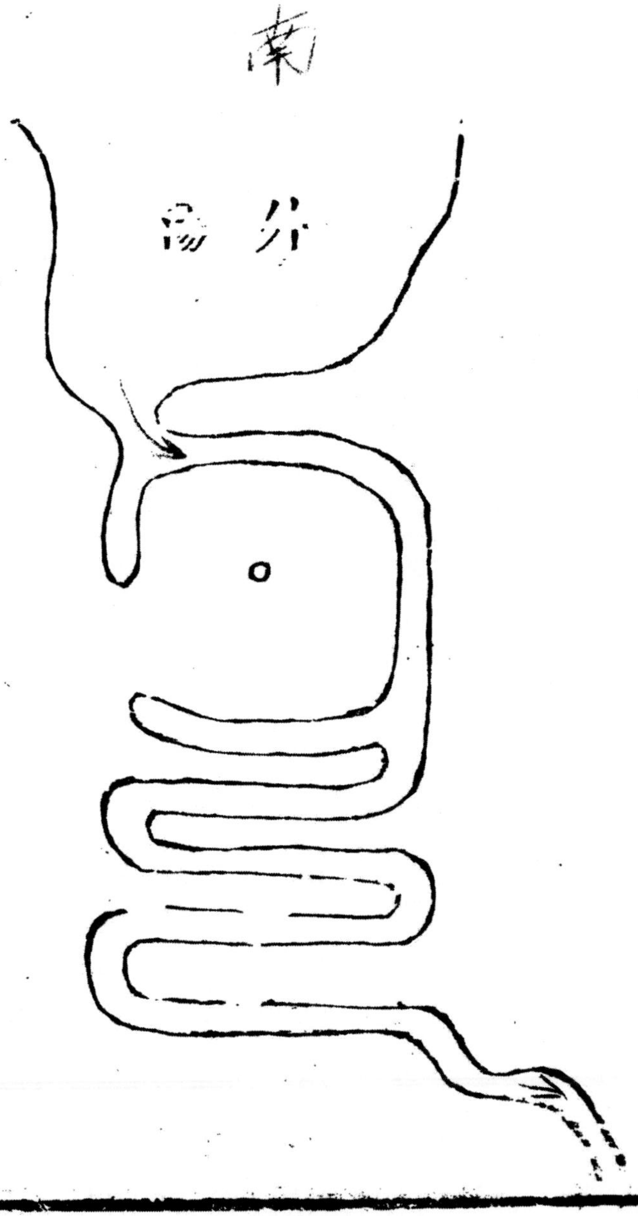

依本頁之說
右纏先發長
房

局前大水聚於明堂從東南橫架過右抱身纏繞元武二曲四曲而去砂水反關於坐下其秀在穴後法當從曲水立向然前有大水明堂流神自南而遶若就大水處立向富貴兩美但聚水在前秀水在後主先富後貴若來水自北而南福力尤大代出魁元總要曲水包裹整齊畧有牽拽便不發矣左纏發長房右纏發中小房獲慶悠長人丁興旺

水纏元武格

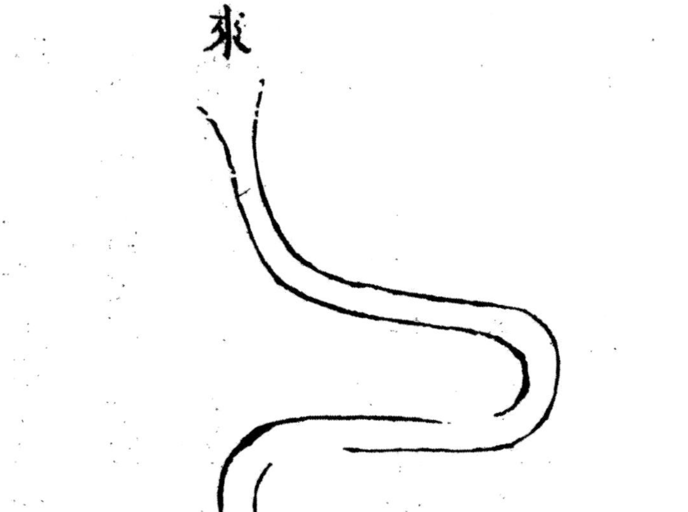

前有曲水三四折遶遠朝來就身兜抱局後纏身元武
而去入路得結咽處束氣緊密發福悠長富貴雙全人
丁繁盛雖三三百年不衰

水纏元武格

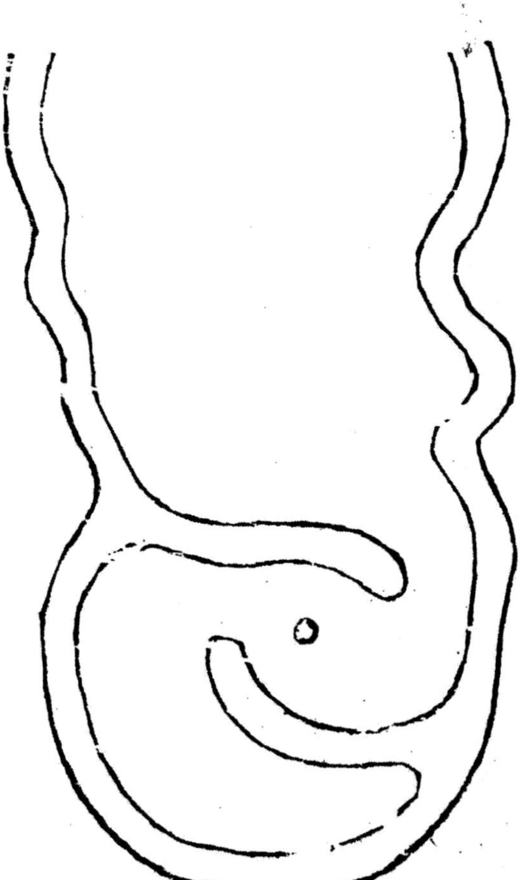

曲水當面朝來不厚不薄摺摺整齊皆左右就身環抱

從元武纏迴而去此勢極秀若得員抱緊夾不寬不狹
法當就前曲水處作穴如就身環抱寬大深長而湊前
立穴則恐眞氣刼洩於後雖親就曲水而失氣脫穴亦
不發福但當於曲水後求枝水兜插處定穴如兜插中
間卽於中間立穴兜插後面宜在元武前坐元武水作
回受穴總要穴前蓮望曲水如在目前乃妙設局內別
無枝水插界須以人力爲之無使眞氣刼洩但要迎得
秀水著耳經云曲水朝堂秀而可穴纏護緊密湊近迎
抱若還寬大發福必遲

回受穴
東南來水
向西南去
宜主南向
西南來水
向東南去
宜主西向

水纏元武格

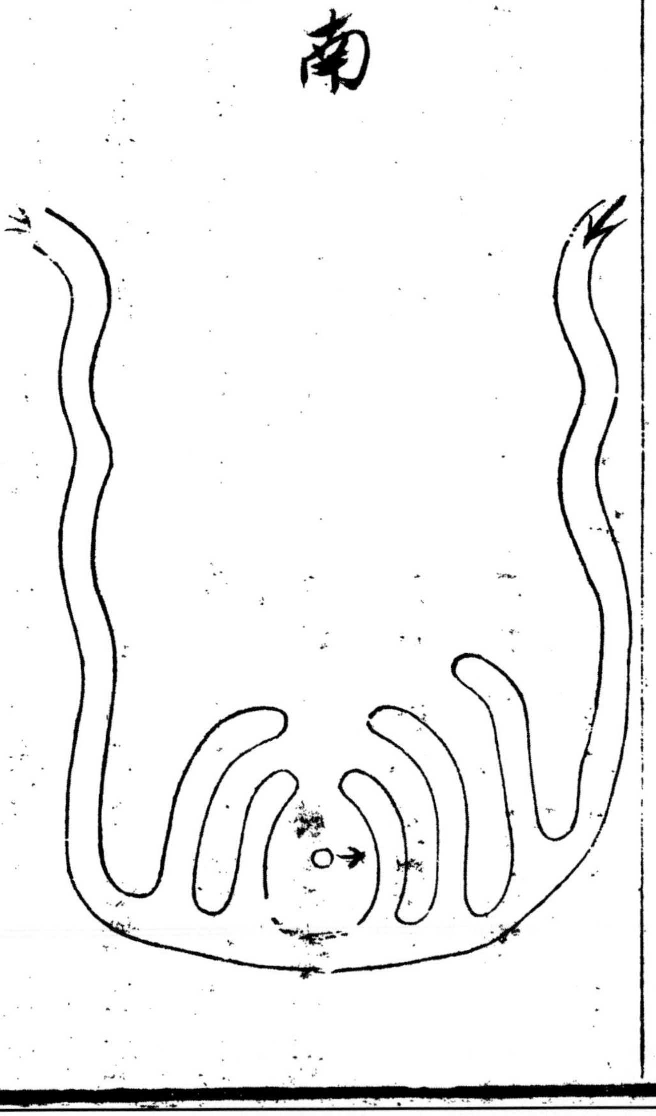

凡回受穴多是水纏元武俗師云坐空割背者非也只

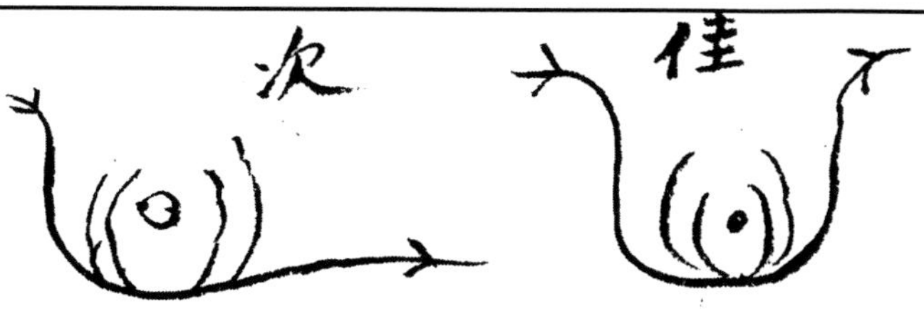

要天源流水從東向西左右得枝水插腹重重包裹割界結咽分合清奇則福力自大若從右邊來遶元武出東南去北遶青龍者稍減以水向東流者常也嫌其順水若從西南向北轉遶向南而東出穴向朝西得水遶元武其福力與遶青龍纏元武者相同以勢逆也合局者百子千孫富貴最久又凡元武水纏須於數百步外便灣抱拱夾仰流而去方為正格如前面滔滔橫架而去不見回頭此又不可以水纏元武論也水纏者遶也迴遶灣抱之謂也

順水界抱格

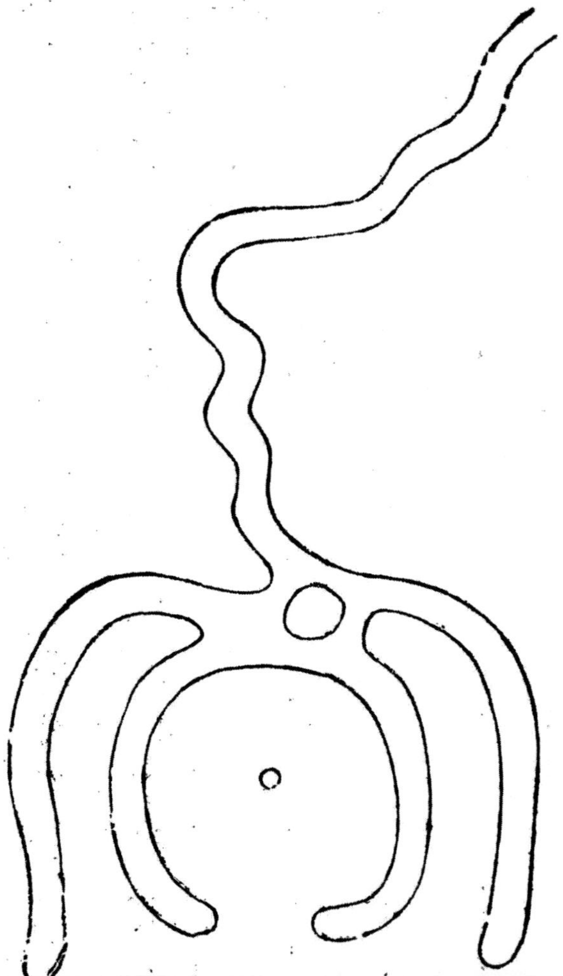

此勢與前局相同但須有蓄聚水涵於穴前若明堂無聚水祇得前面枝水三四摺到堂如織女抛梭東西包裹砂頭隻隻回護雖無畜水因其曲秀枝生自能發貴丁財亦盛

順水曲鉤格

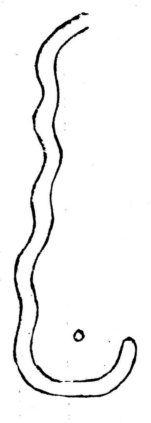

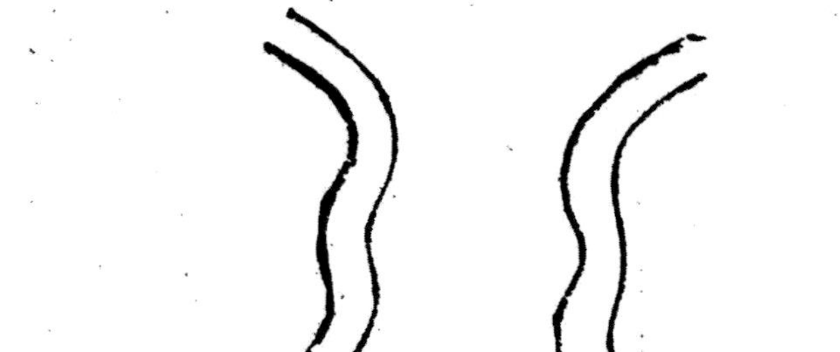

曲水垂鉤有兩勢有曲水橫來到頭卻於盡處仰上作鉤有曲水直來到頭卻於盡處轉抱如鉤此二勢俱可立穴但要來水屈曲不疎不密不牽不拽摺摺整齊或迎曲水來處主向或張曲水作朝或於垂鉤盡處定穴主少年魁元奕世貴顯文章名譽鼎盛一時

曲水倒勾格

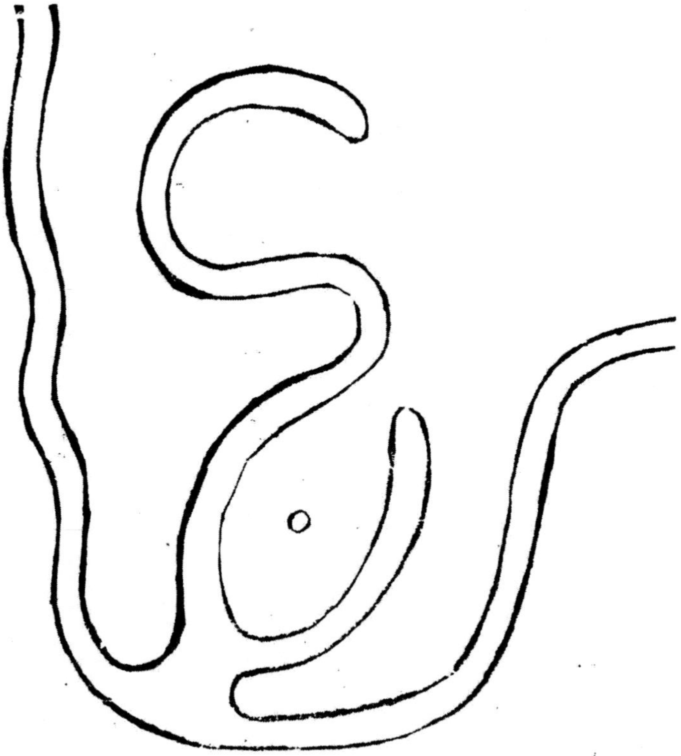

青龍有水屈曲就身抱纏元武回頭顧家而去此遶青龍纏元武勢也卻於元武摺入腹中插一枝水作挽水勾形穴之亦能發福穴前雖無吉秀而砂水朝應坐脈穴後氣局完足丁財極盛貴而悠久眞佳格也

斫氣迎朝格

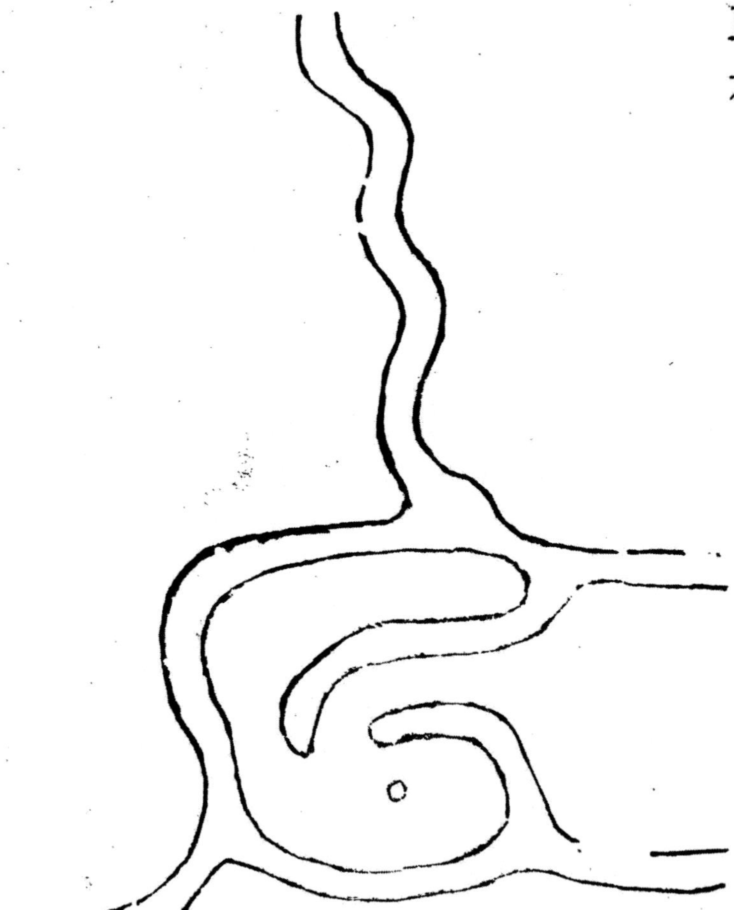

曲水遠來到結局處竟橫架而不見回頭此本入懷反跳之勢理無可取然曲水三橫四曲摺摺整齊不牽拽不斜竄其勢秀而可愛若得有枝水插入秀水之後彎抱如勾本局又得枝水插入於後仰兜如勾其龍脈雖未止歇卻於交鈕處斬氣立穴仰乘曲水之秀亦能發福曲水近在目前只發於一二三年遠在百步之外三四十年始發然終是曲水反跳不得歸元就身富不過萬金貴不過三品兩代即衰入籍他州亦出魁元

遠朝接秀格

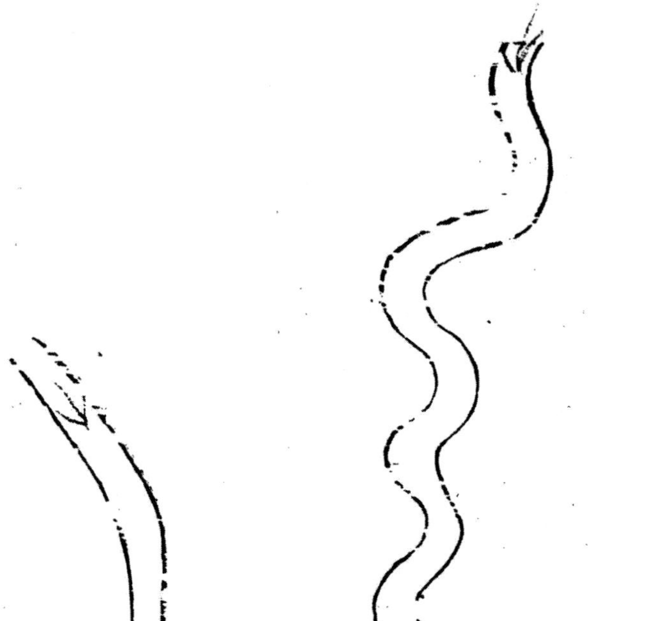

曲水朝堂從左轉右就身抱轉卻又得客水從東來經元武與曲水合於局後此亦兩水成勢而曲水之內並無插界成穴反於客水插一枝水橫架於曲水之後承受曲水之秀此謂以李接桃名曰邀接主客居易地或入贅過房必發大貴或遠鄉冒姓冒籍發科或功名在四夷邊疆或文人立武業武人立文業或以異路進身皆未可知且局勢周密氣脈完固亦主人丁繁盛獲福悠遠

遶朝接秀格

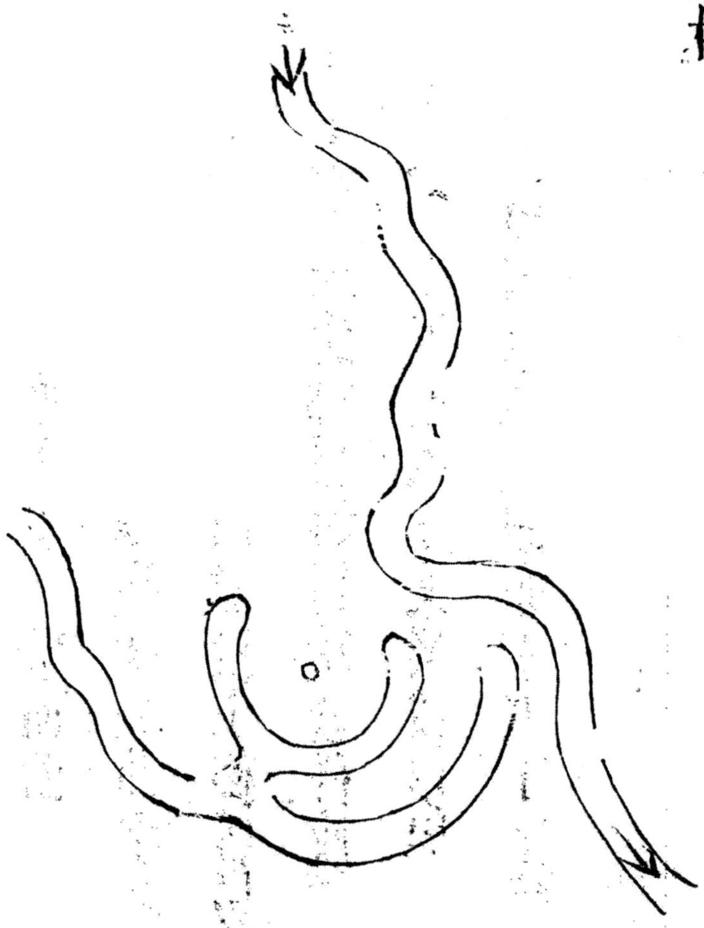

凡遶朝接秀須得曲水朝堂或倒左或倒右本局無枝

水插界成形、却於他方有枝水插界成金盤仰掌勢、托於曲水之下、此局亦名接秀、若穴後更得枝水、包承元武與曲水合流、一路而去、則水口當以曲水爲主、如後面枝水不與元武曲水合流、則水口必以本穴枝水去處爲主、其去水處須屈曲回頭交鎖周匝、不至滲漏、方爲大地、至曲水去處雖不屈曲、亦不爲害、蓋本枝水乃龍之元神、而曲水終爲客水、不過邀其秀以發福耳、其去流之曲直、無與本龍、故只以坐下元辰去水屈曲爲貴、此等地亦主過房入贅、或他途冒籍登科、

流神聚水格

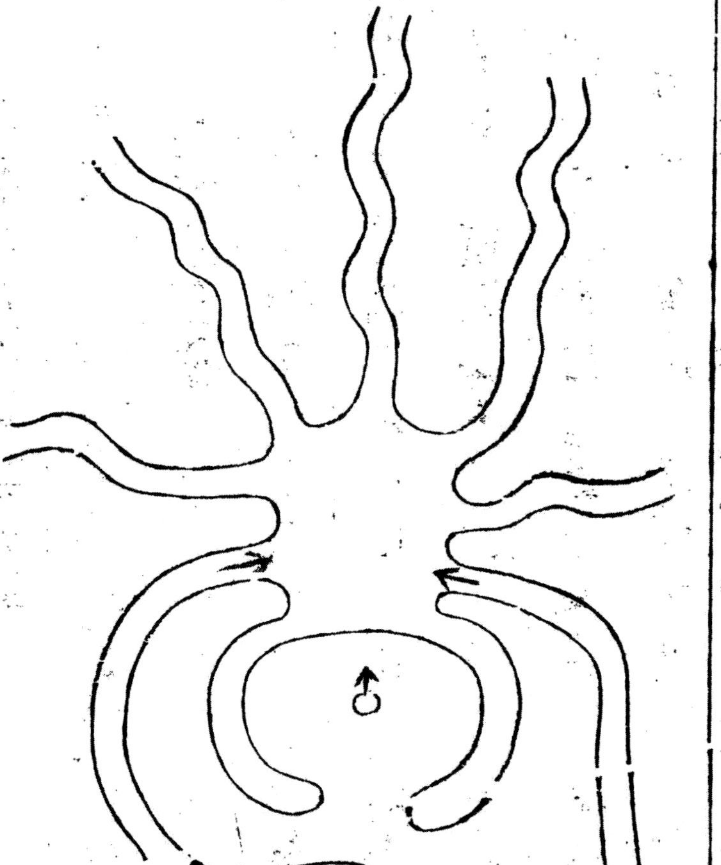

凡兩水夾來隨龍交合於局前者其水多從明堂前去人皆指爲順水地順水龍豈知結地水未有不向前去者只要見得屈曲便佳若直去者亦爲大口勢但局前須有畜水不至徑來徑去爲貴蓋瀦而復流積而後洩雖去亦不害其爲吉也惟向前直去而局前並無池沼去水絕無交鎖斯爲大忌若三橫四曲顧我復流倦揚眷戀似不忍去此眞是顧家水也前顧家者其發近而速後顧家者其發遠而遲其與過穴迴抱等局相去不遠豈得以其順格而棄之哉

流神聚水格

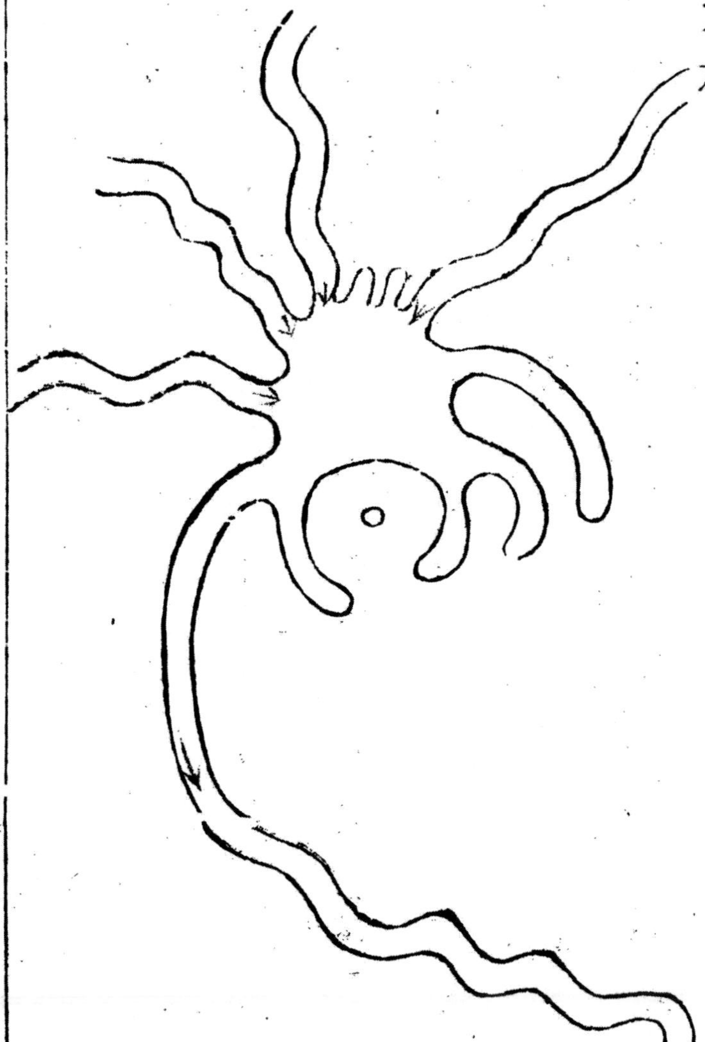

十八格唯聚水朝堂爲第一蓋水爲財祿乃富貴之極

機故水神散漫無收拾者不唯不發亦主敗絕是以古人論水不曰蕩然直去則曰水無關闌而務得局前有水畜聚者爲吉壤也此勢左右砂頭朝抱而前面又見衆水朝流聚注成蕩卻妙在來多去少所通只東北一路又遶青龍纏元武所謂朝於大澤旺於將衰瀦而後洩之勢也垣局周密衆水聚堂誠十全之大地主白子下孫朱紫滿朝享福三四十紀長中幼三房並發但蕩不宜太寬則衆人之水非我一垣之水情泛而發福亦不專矣

流神聚水格

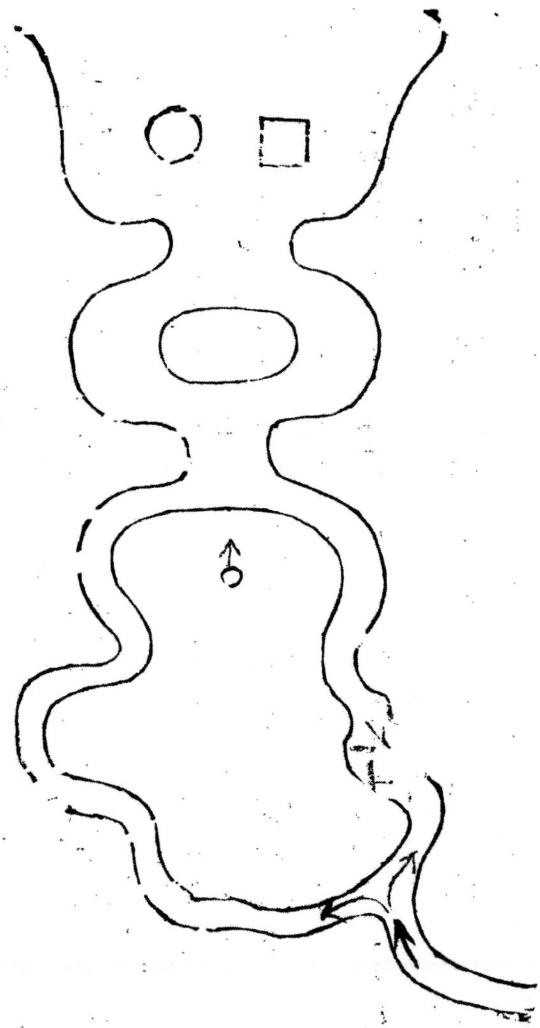

元辰水從穴後分開左右兩路隨龍向穴前合流而出
御又聚成河蕩左右砂角雙朝抱蕩中間小砂或圓或
方或長橫浮水面交鎖關闌亦不見水口沖射雖是元
辰水向穴出流而聚畜汪洋與元辰水直出之勢大相
懸絕主大富大貴福力悠久若穴前湖蕩中無砂角闌
截亦不爲害只要有砂嘴左右拱抱爲佳不可以元辰
水直流指爲順水也賦云元辰水當心直出未可爲凶
只要湖蕩畜之橫案攔之便吉

流神聚水格

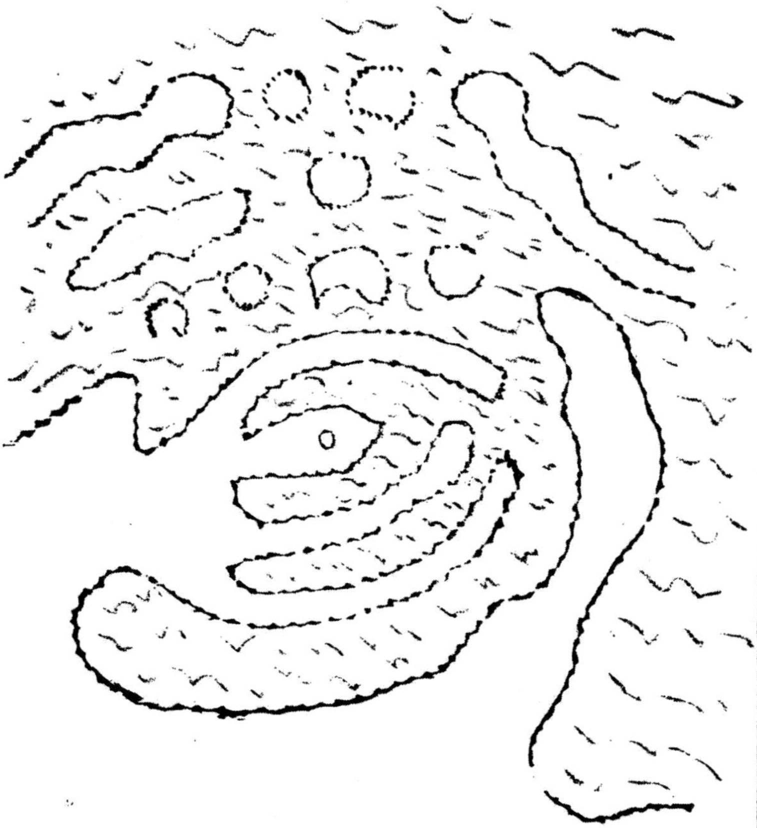

此亦類湖蕩聚砂格、而本身穴後界水、既多、內氣又足、與一片平坡者不同、

流神聚水格

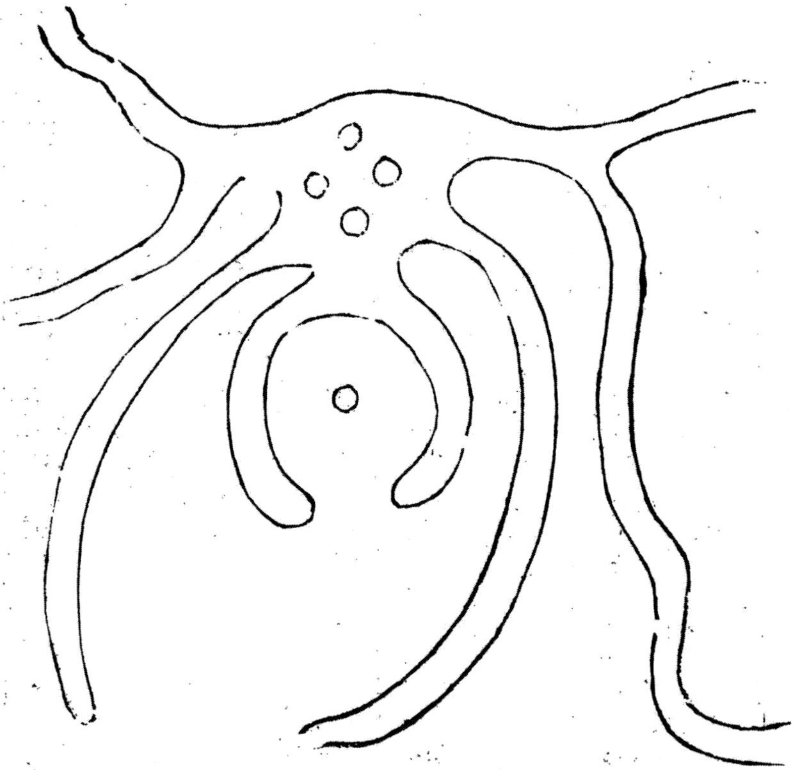

此勢水聚明堂兩水拱於左右與前横水合流或過左
或過右只通一路出去穴前畜水成蕩內明堂龍虎重
重拱抱亦大地也局前雖朝陽揖拜只要下砂逆水插
得緊密似不容水神流去則精神凝聚不減衆水朝堂
之局但只許仕而多貴不許魁元科第以穴前無秀水
拱揖故也內外堂有二兩重關鎖主有三四十紀而
力子孫衆多榮華不絕閱一紀後貴雖不顯而財祿豐
肥自能悠久以水靜專而不蕩洩故也

二水橫攔格

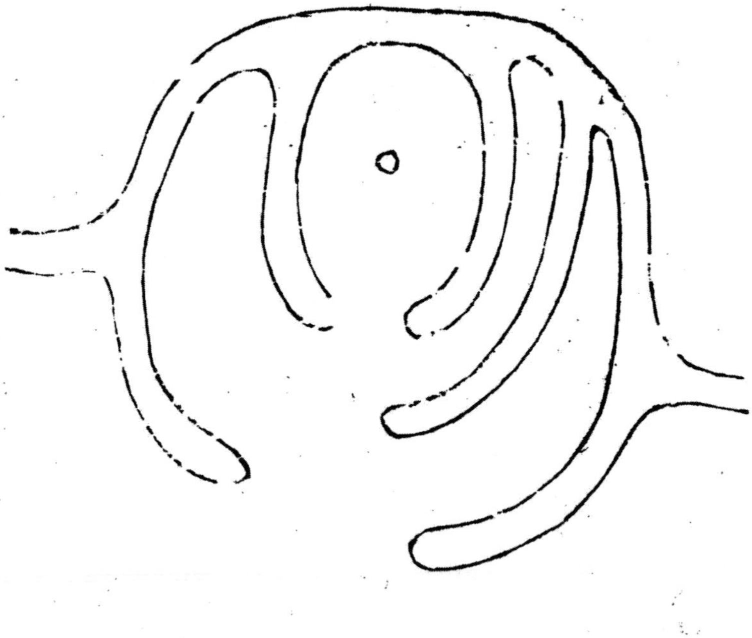

經云好水如弓上絃好砂如僧出定言水欲其彎抱砂欲其端嚴之意也又云水要彎環玉帶形抱身迴繞坐尋城又云外水如帶內水如勾氣脈完固立伯封侯碎金賦云砂要裹砂穴不破水要纏身氣自全若外形如帶而內直長不能勾向於內此似是而實非所謂來不結咽眞氣散也此勢局前界水彎抱如滿月形左右水又就身迴抱外堂垣局周密坐下左右環拱勾揩結咽前合流分水砂還氣朝顧有情穴之主百子千孫福祿悠長眞大格局也

一水橫攔格

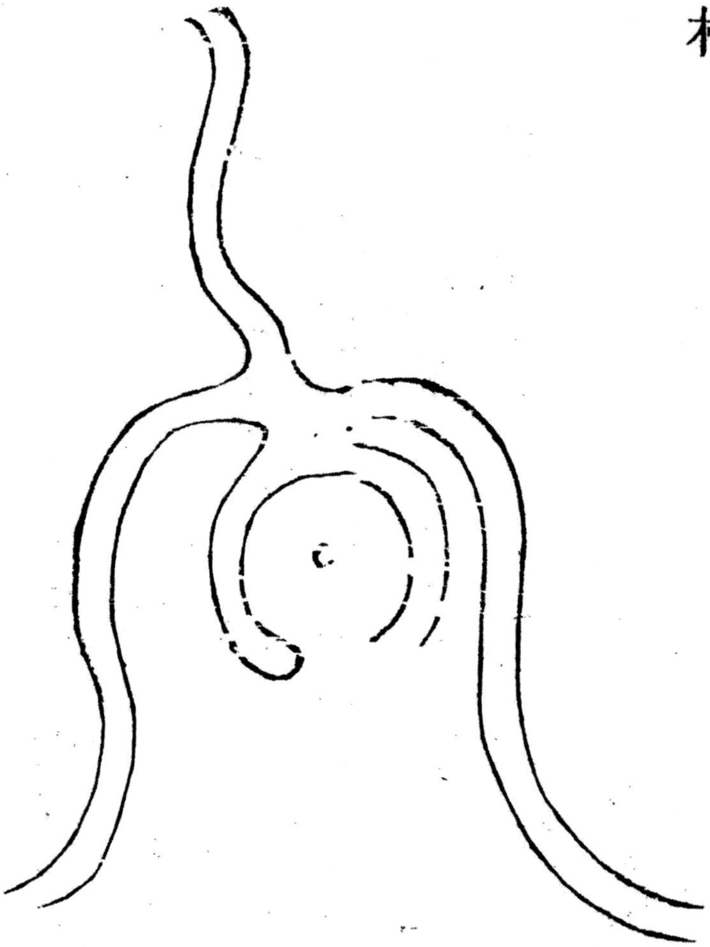

書云穴看左右澤水看左右砂三陽看城郭明堂看四角此勢穴前環抱如帶如弓或從左聚或從右貼緊夾兜收並無渙散中間雖無枝水插界氣亦完固若或寬大必須枝水收聚方能發福悠久若局前更有曲水悠悠揚揚或遠或近朝揖於前不問左來右來俱為秀局主有翰苑聲華之應左秀倚左發長右秀倚右發小左右均平則三房均發

一水橫攔格

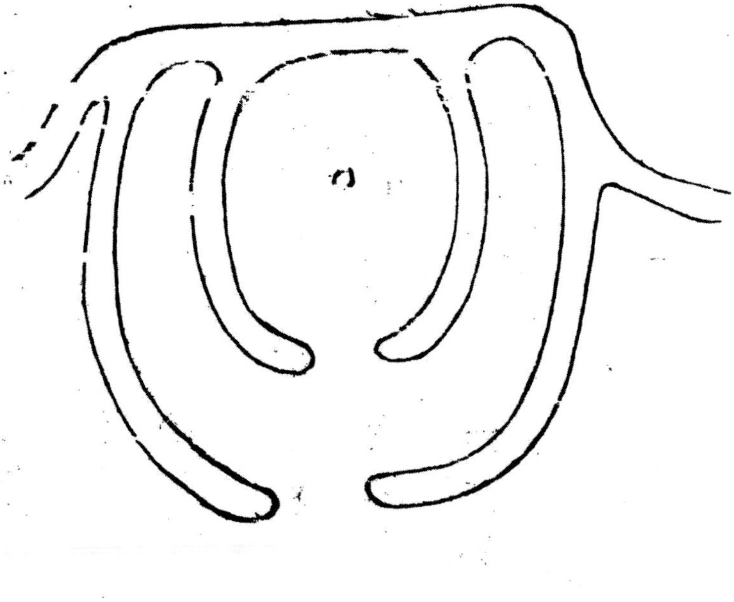

書云穴看左右澤水看左右砂令局內緊身金魚水分合上前回抱後有結咽前有包乘砂回水就誠美勢也又云砂要回頭水要就砂水灣環巧如帶令局前水環抱如帶緊夾包裹龍氣有力形勢最佳當面似有小反之象亦不爲害可以人力改圖或內堂左右各開腮水插進以作內郎不覺其反矣此地長中幼三房均發福力悠久數世不替

界水前抱格

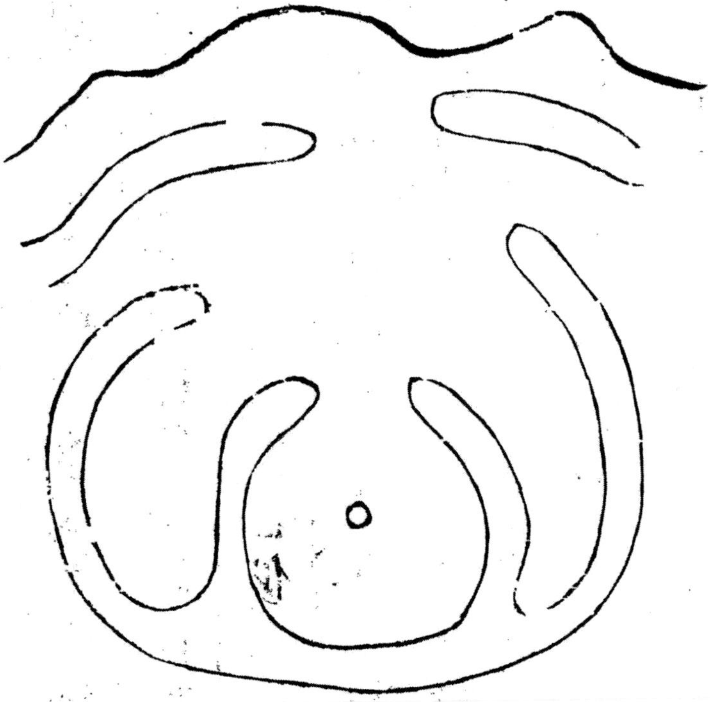

有枝無幹

此勢局前枝水插入包抱左右砂氣緊拱似乎有情然湖蕩在坐下砂角雙雙飛散則前氣雖收後氣不畜前爲外氣後爲内氣外實内虛此等地雖發小財終無大福官貴絕響人丁虛流

界水外抱格

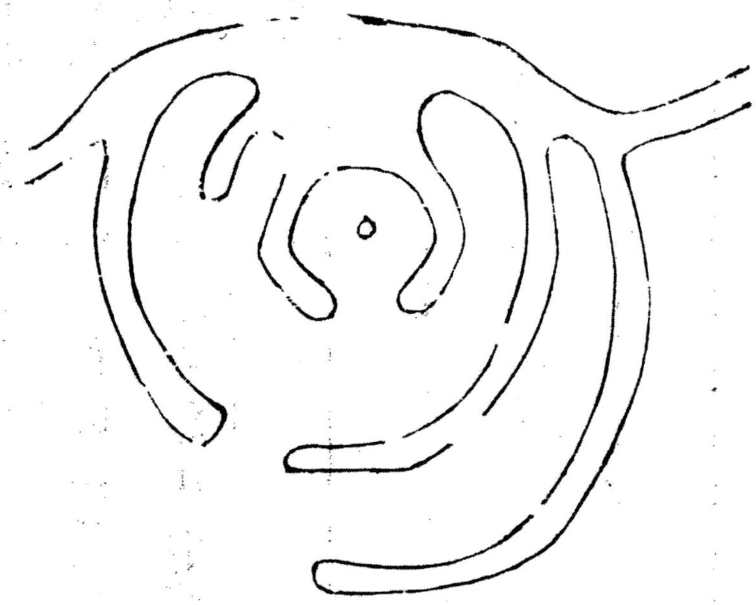

此勢龍虎重重朝抱局前彎環如弓此形勢之美者然穴前左右砂角硬直無情外形可觀內形覺礙賦云內直外勾儘可剪裁若以人力去其硬直使成彎勢便是大地不可以內形不足而棄之也

湖蕩聚砂格

雙龍盤勢

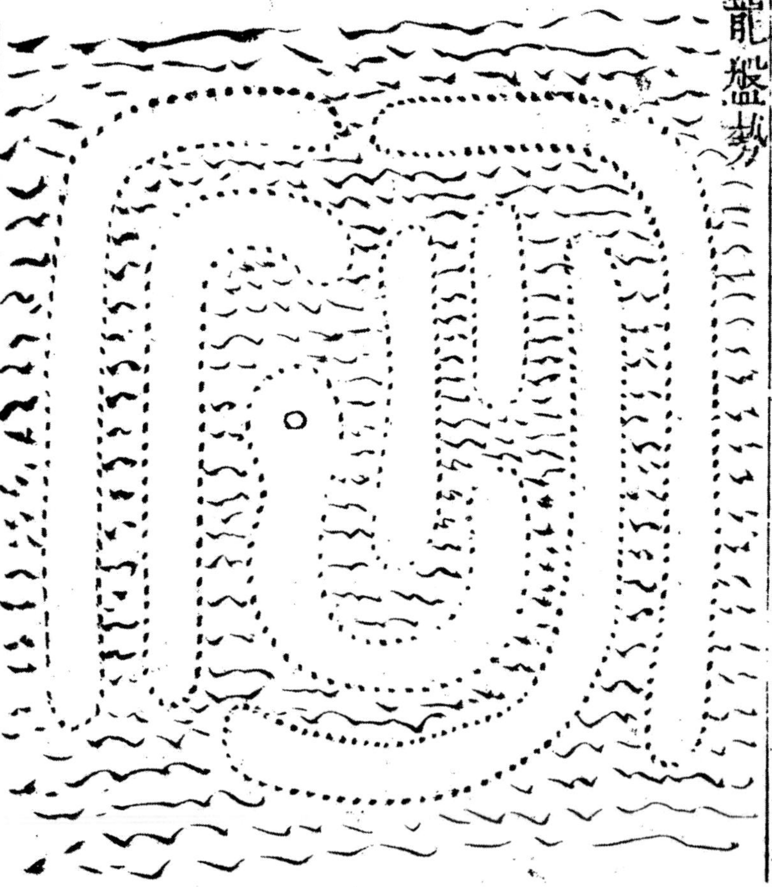

砂水團雲勢、有雙盤龍、單盤龍、凡盤龍結穴、須砂水圍

遶周旋婉曲如雲之圍繞方成盤結形勢而氣聚不散也若無委曲盤旋之勢雖回頭朝應究非盤龍結穴此局左右客砂勢如雙龍重重旋繞不啻雲之護日故名雙盤龍勢又凡盤龍結穴必得畜水於內明堂或有小砂照應方妙令局中有長短小砂最爲合格得此形勢發福最久以盤龍之地無風吹水破之患也或穴不盡眞縱不大發亦不大敗房分均平貴而不驕富而不吝男女貞潔風聲可慕子孫節操自持兼有三徵九聘而不仕者此皆氣脈潛藏之應也

湖蕩聚砂格

雙盤龍勢

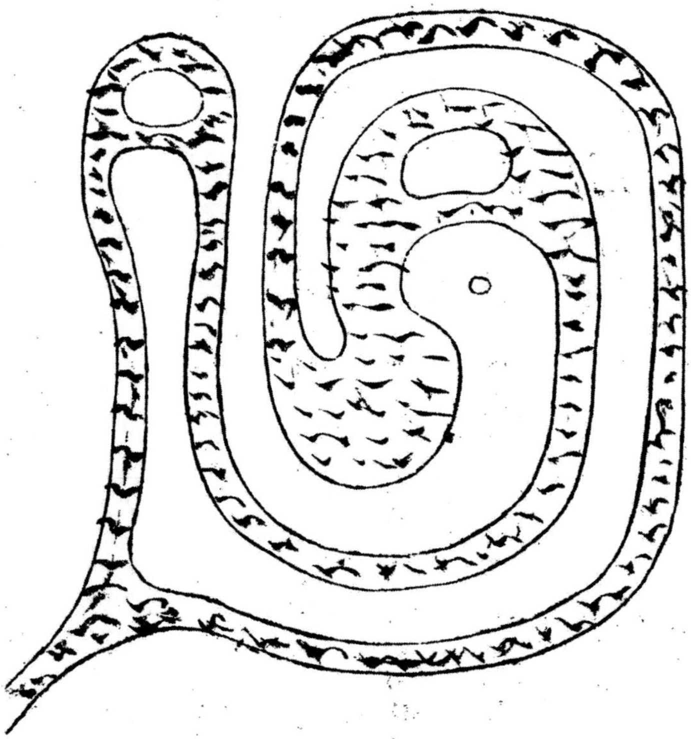

凡砂水團雲多結盤龍穴一條水出一條水入周圍盤結皆在局中結穴處須要水寛聚成湖澤其中涵得氣脉溶活方佳不然便是裹頭城矣裹頭城之水名巾幗水穴氣緊迫不得流通反成絶地經云山因水流旁王減侯即此義也此圖穴前湖澤汪洋緊而不逼穴之自能發福子孫悠久入孝出弟稟性聰敏或於巧藝中成名致富以來龍不能曲秀故也

湖蕩聚砂格

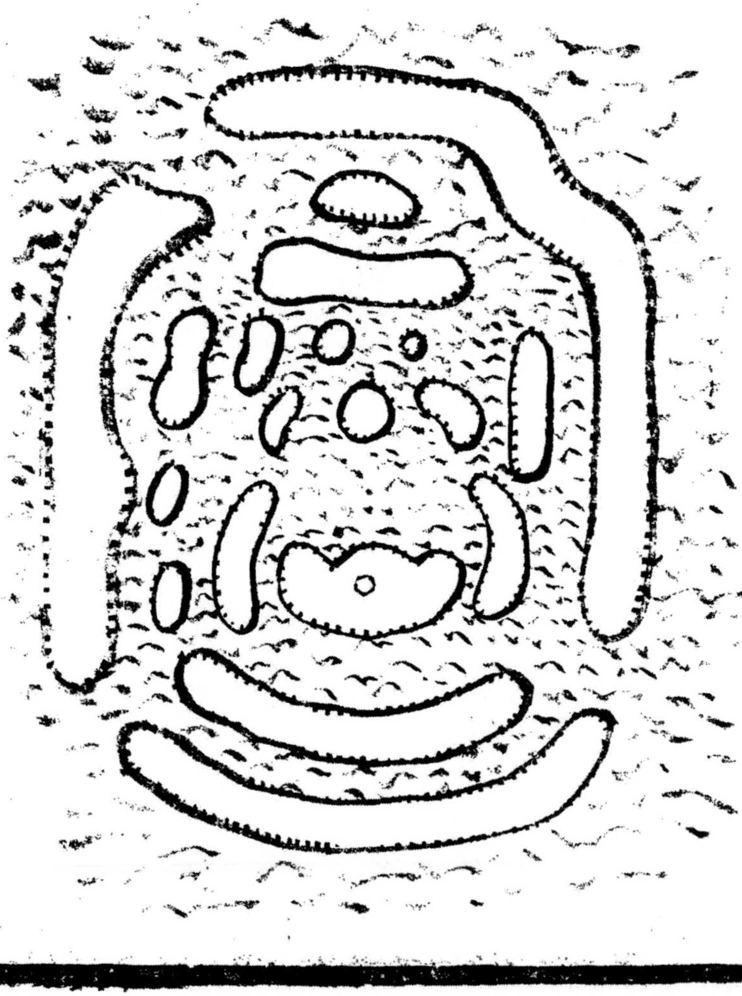

湖漢之間及浙直等處地最低薄古時開闢田地多是塡低就高各因沙泓以成田故多小砂攢聚成勢之穴然多大小不均橫斜不齊零散而團簇者少此等地亦有結穴須要隨砂詳看砂頭朝向何地若見攢簇整齊不疎不密便可於羣砂之中尋得中立之處四顧有砂包裹藏聚合窩不覺露風此地極佳主百子千孫富貴悠久其穴向當視小砂中處得來正面迎受方美若小砂多而大砂遠抱終恐近身穿漏必得穴砂左右有貼身金魚水緊抱以護漏風則氣益固矣

湖蕩聚砂格

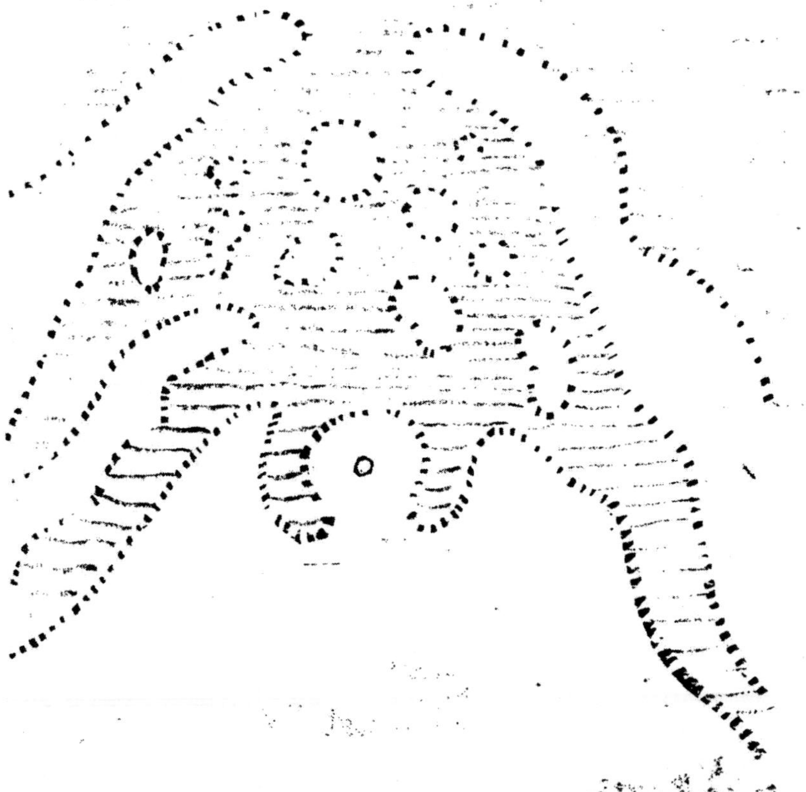

積水灌堂聚畜成湖或一二頃或八九十畝卻於穴左右起砂條條夾身逆水插出護衛區穴或四五重六七重雙雙回頭朝拱形如勒馬其力量最重是大地也或以擾龍散漫過峽來氣不清而棄之誤矣

湖蕩聚砂格　亦名踢毬勢

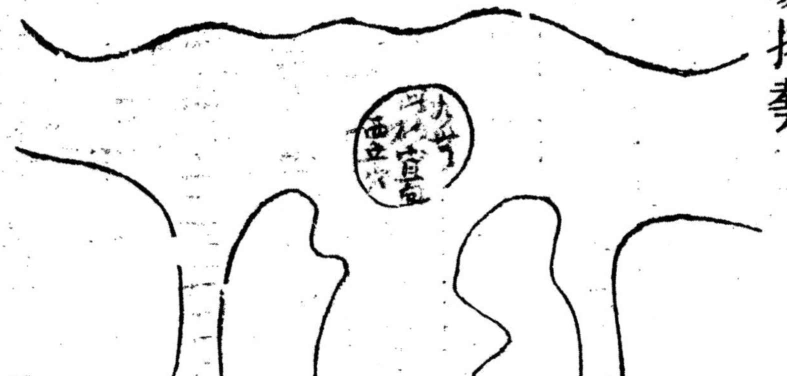

砂形勾踢、如馬蹄如靴頭如皮刀口、客砂包裹於坐下、
穴前畜聚來水成湖、一水單纏元武而左轉兩砂、自相
包裹、垣局完固、竝無水割亦大地也、水自右來、穴宜迎
右、堂局端正、不覺斜側、立穴須正受湖澤方佳、雖無益
砂照應、亦自成局、若聚水直長、便不可無小砂照應、益
明堂水喜橫長如几、不宜直長如竹也、穴此者富而且
貴、子孫累代榮顯、如元武水倒纏入明堂、而向前徑去
者、穴又以橫受爲吉、

湖蕩聚砂格 名雙踢毬勢 又名鴛鴦鈎

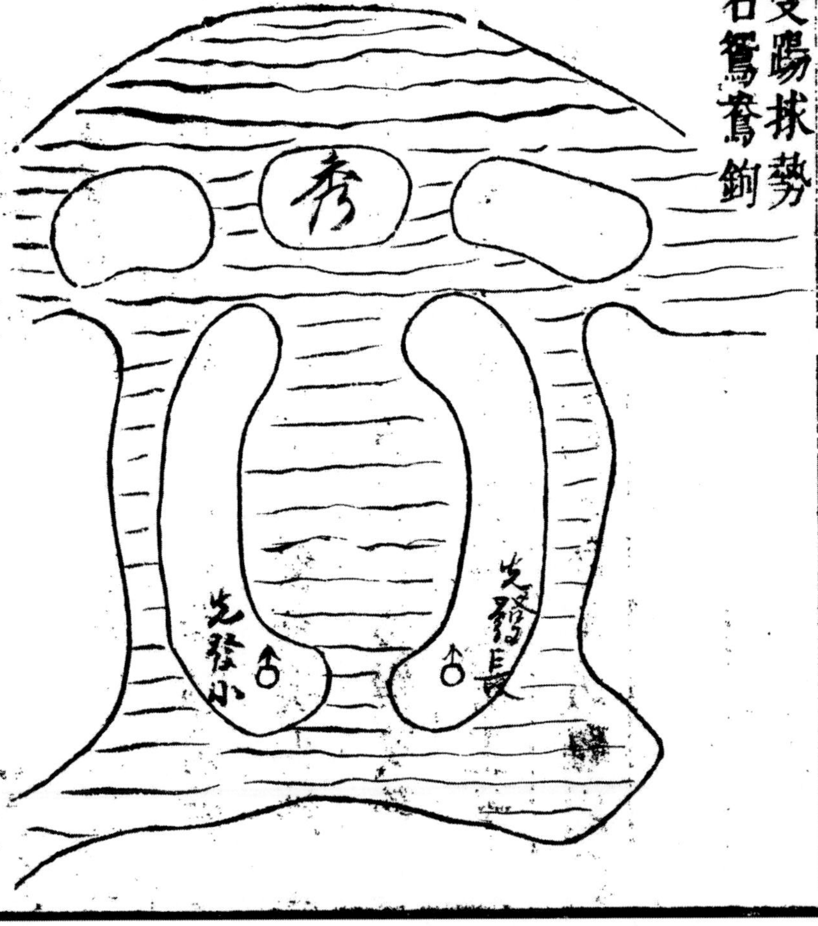

左右兩砂相顧雙雙回頭內張湖蕩中通過穴如內堂畜水直長須得薔砂護覆方妙因左右各自結穴故曰鴛鴦垂鉤又其形與皮刀靴嘴相似故曰踢毬須就彎處向上立穴力量始大若側扦之不能發秀矣此地主科甲聯芳但宜因財致貴或納粟奏名則後發文翰官至腰金無疑也左穴先發次房右穴先發長房主子孫繁盛悠久孝悌忠信若扦穴太進則氣散不收難以發貴兩穴同斷

湖蕩聚砂格

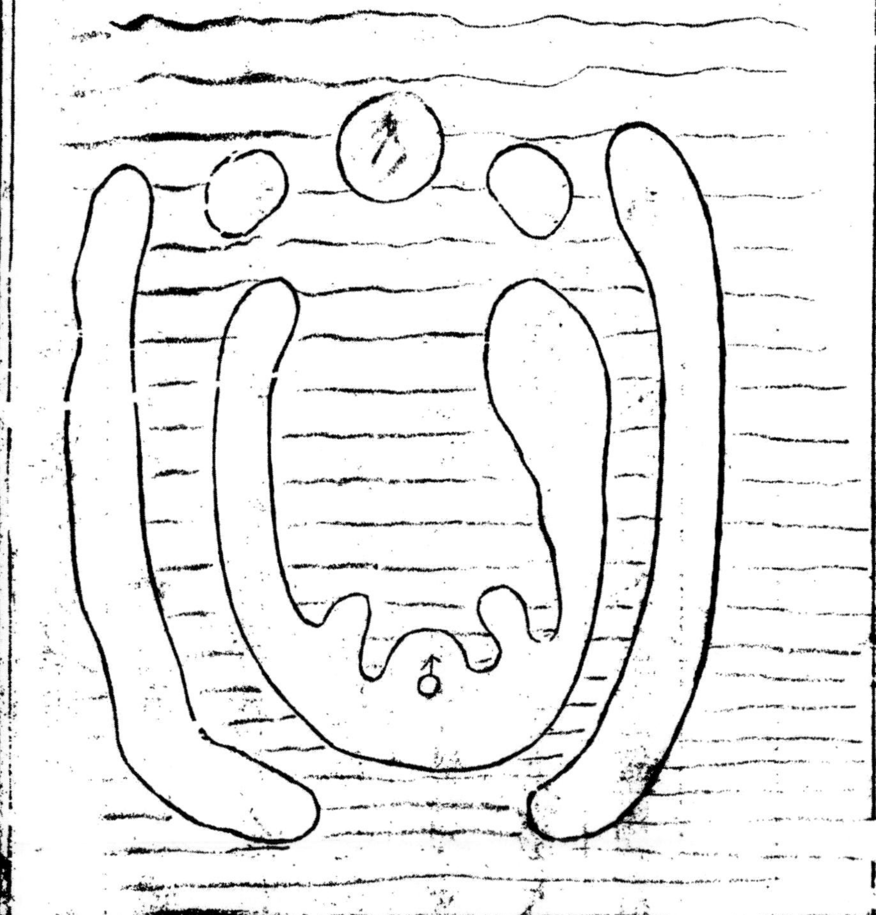

凡羣砂輻輳有五勢有穴前聚水遶砂朝應者有水聚明堂近砂夾輔兩遠砂拱衞者有本身綿長直出湖蕩外砂遠應者有湖蕩中羣砂圍繞自相輻輳者有羣砂內聚而外有大砂包裹者皆大地也此局水聚明堂得近砂襯貼穴前有湖蕩而遠砂拱夾外砂拱水外水夾砂其局勢尤妙如穴前更得遠近砂參差呈秀大富大貴若左右拱夾雖多而前面無砂作應則堂空無物富而不顯

湖蕩聚砂格

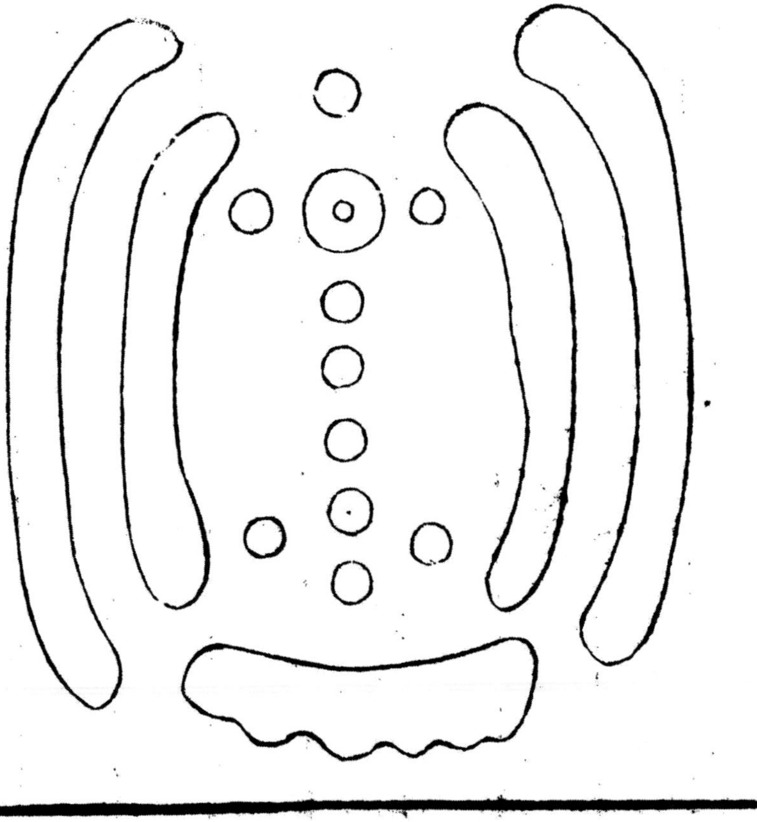

蕩泊之處多有結穴如波心蕩月如雁落平沙又如浮
鷗點水審而穴之無不發福

湖蕩聚砂格

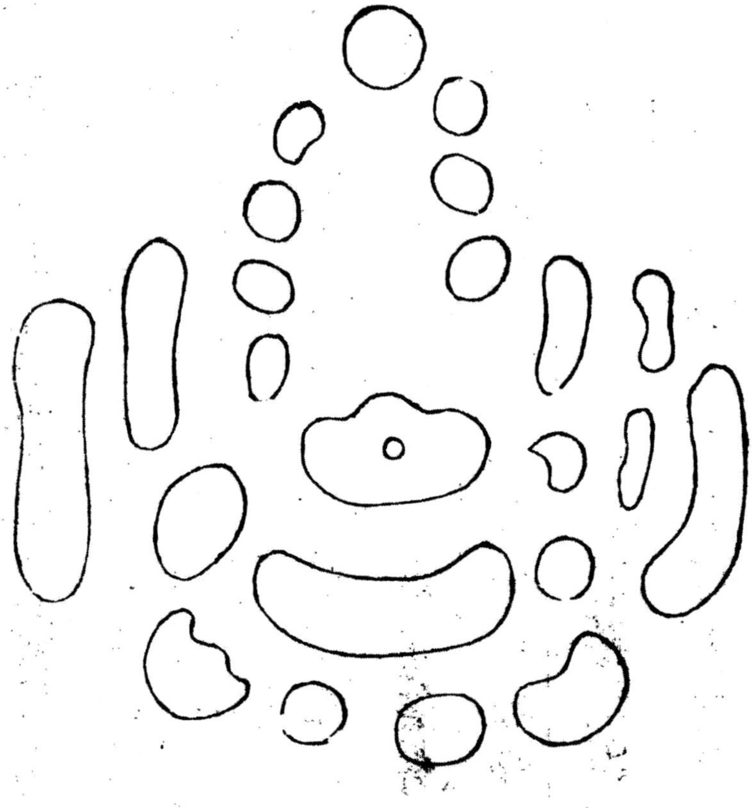

洲泊湖蕩之處一望無際中間或有小砂數百塊或數十塊大則六七畝小則二三畝見蘆草間生團簇一處隨于中間求看內有大砂或十畝二十畝得枝水插界緊身包抱左右小砂或長或短簇擁團聚如蜂之從王隻隻回頭拱向小砂交鈕如練之聯屬重重疊疊不見穿漏坐下近局有橫砂以攔於後穴前小砂點點如鷗浮水橫列如排班倚列如倚隊分列如亂羅倒穀圍列如屯軍匝帥有此形勢主威震邊疆爲統軍大將或剖據一方或分茅立伯若前有倒旗反砂主出强梁之人

湖蕩聚砂格

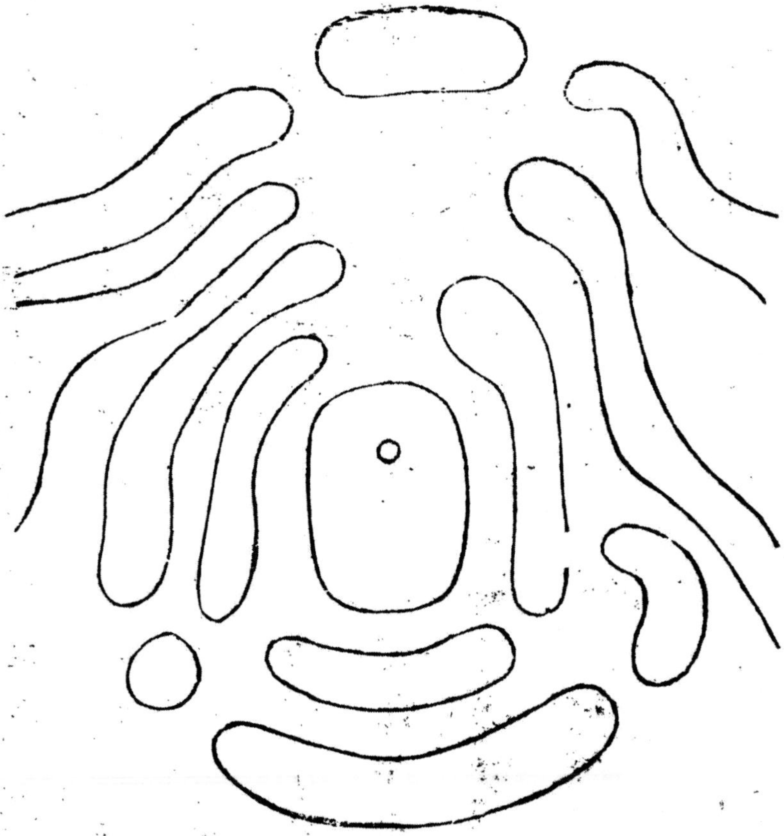

洞泊之穴多有羣砂圍簇或遠或近回顧朝應中有一砂端肅整齊四望左右前後各有長砂抱之隻隻回頭顧穴如大將之坐營而衆軍之執戟屯列也如官之坐衙而吏卒之排班唱喏也四畔與湖蕩相去或半里或一里視遠若近而羣砂紛紛拱衛若在目前如拜如揖如俯如伏整齊端肅而坐下又有横砂架攔於後絶無滲漏如此形勢主胙土分茅富堪敵國百子千孫福力悠久更主世出孝義忠良

湖蕩聚砂格

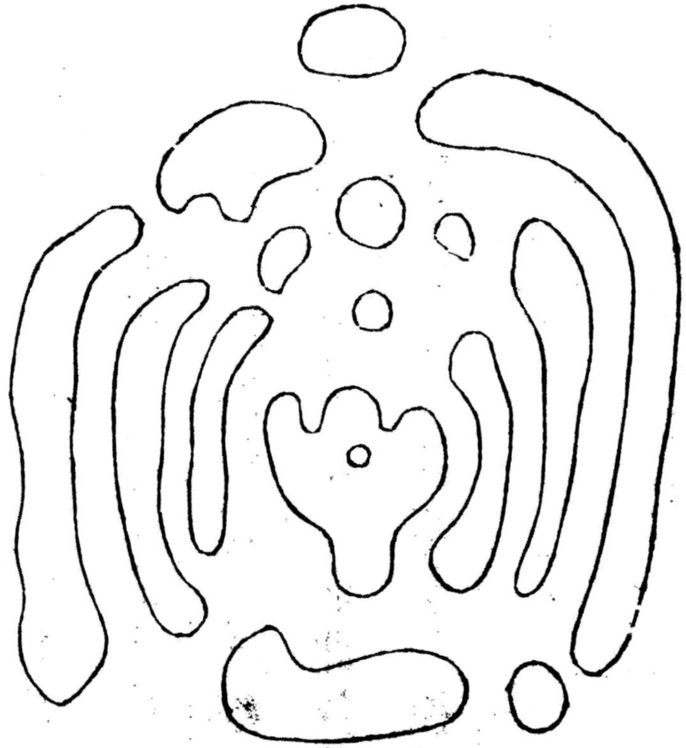

羣砂輻輳、衆水聚堂、左右各有長砂、一二三重、抱衛兩旁、砂頭向前回顧、不硬不直、又不反背、坐下有橫砂托後、中間有一枝水界出、龍虎坐實、中立向前、遠砂左右趨堂、勢若排衙、如拱如揖、中含湖蕩、外有遠山、或長砂蓋照、湖蕩寬濶、中有小砂、如星如月、排列在前、此形勢之最勝者也、主富貴綿遠、出宰輔、產英賢、萬子千孫、世所罕有

湖蕩聚砂格

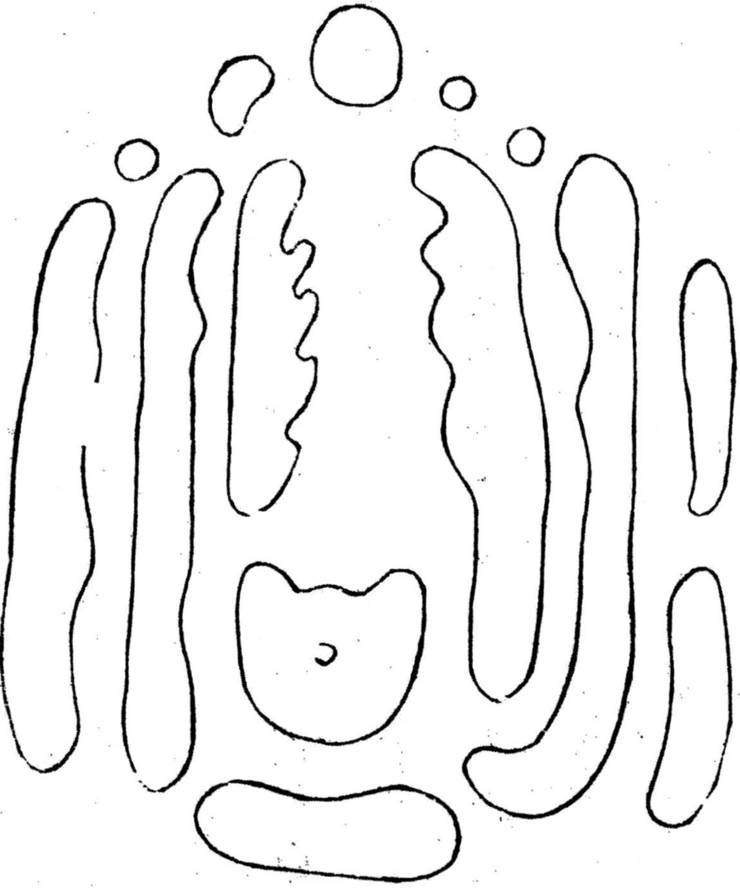

湖蕩數十頃中間突起二三片地大者數百畝小者五六十畝團簇拱聚面面相顧砂角兜轉隻隻回頭如衆馬之聚會於槽者然即於中間審認何砂端正及枝水有無若有界割枝水結咽分合件件明白的有確証便看明堂左右如何若朝抱有情蕩水收進畜於穴前以作內明堂局前更有遠砂蓋照湖蕩雖大視之不覺散漫轉覺垣局周密乃大地也穴之至富堪敵國貴並王候以湖蕩中精神獨擅莫能分受故也至於世代之遠近以砂水朝揖之多寡爲斷故砂水朝拱愈多愈妙

湖蕩聚砂格

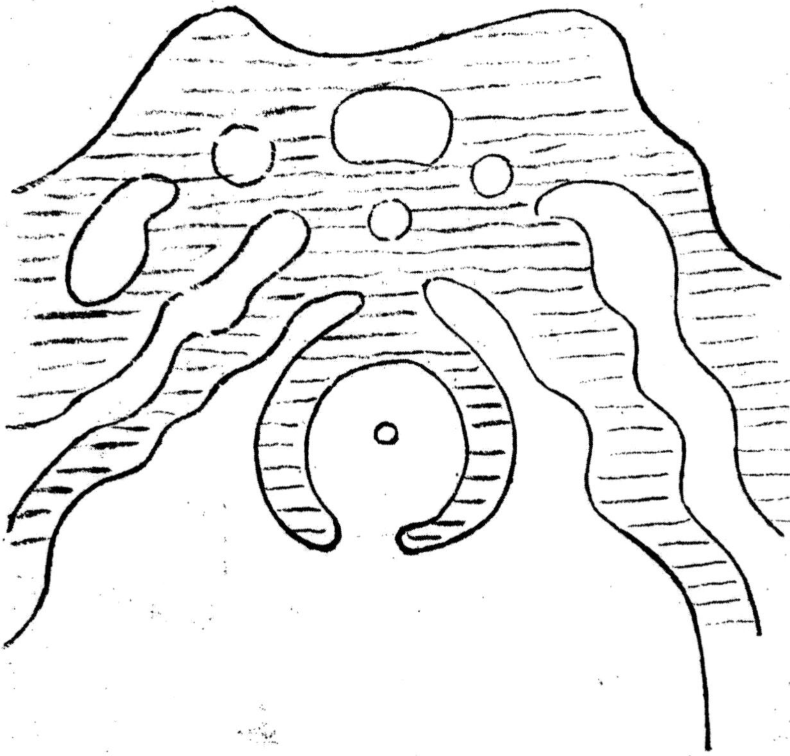

此勢前面湖蕩、橫藎千頃局後空曠無涯祇得枝水橫
架成局、穴前又得小砂藎照、不致寬濶散漫便覺精神
完固此等形勢、不必問水之去來、但當審氣之聚結何
如、穴之富貴雙美福力不可量也、

湖蕩聚砂格

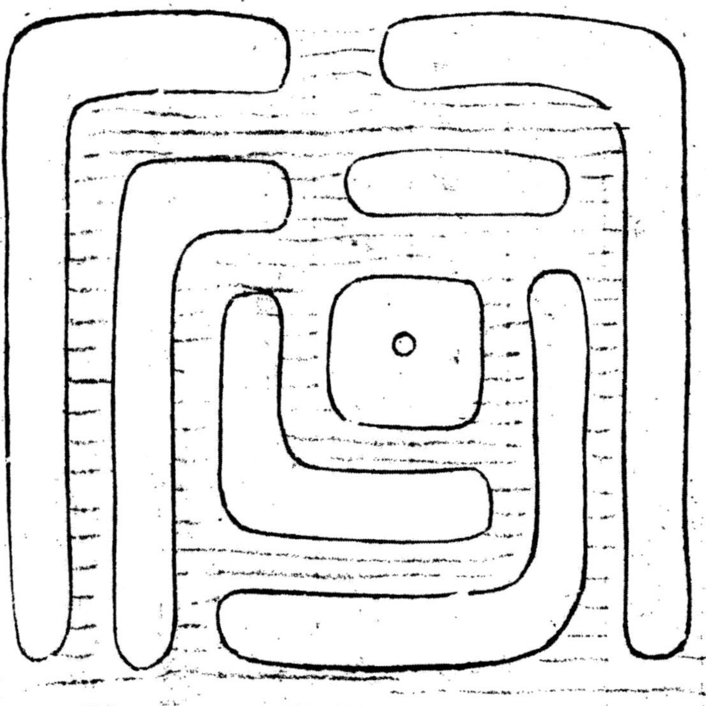

前後各有長砂橫槊左右各有直砂包裹中間卻得小僙砂或三四畝或七八畝並無枝水插界藏於衆砂之中左直砂角角回抱勾搭包抱左右前後水雖四穿入邊穴中視之毫無滲漏正如車輪之湊合團簇周密衆砂環向不敢反背則真氣聚矣凡看地先要看左右前後朝向何處若砂頭隻隻向內即於中間不倚處立穴砂之大小無論設砂有反背或向內或向外或反跳便非真氣所聚之地不必求穴全在目力縱觀湖泊之處多有小砂或一二三十塊或一畝或二三畝或五六畝團

簇抱聚中間包含湖蕩其砂點點印於水面如浮鷗泛
水之狀而小砂之外卻有長砂周圍包裹於其中左右
前後見水穿透而外亦有大砂長砂角角包裹不見缺
陷便成極美局勢隨於中間小砂認出一中砂頭面整
齊前後左右小砂雖零散而實朝顧攢簇擁護不遠不
近不疎不密既無鵝頭鴨腳之形而外面更得大砂彎
抱周密完固者即大局也穴之斷主大貴如中間雖有
小砂卻無湖蕩含蓄其秀而不露主出文翰詞林但不
甚富厚耳

曲水斜飛格

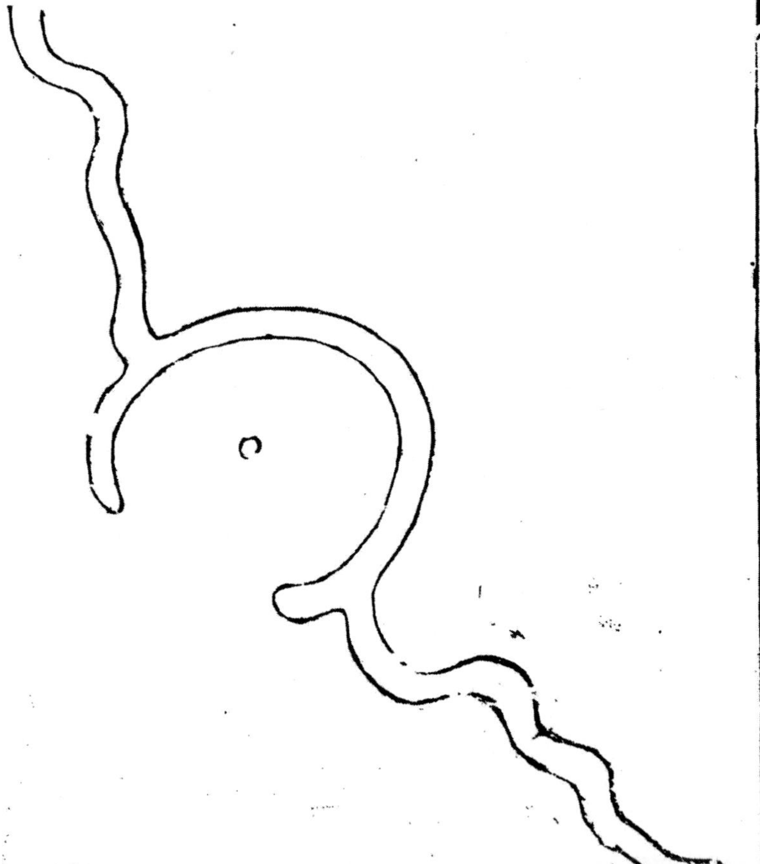

凡水來去須要朝抱就身尤要彎環委曲來要之玄去

要回頭此勢穴前左來右抱似爲可穴然形如之字雖見屈曲而勢如拽索斜曲不秀謂之斜來則可謂之朝堂則非也其右邊去水雖就身轉過成局然不達即回向左反跳斜飛更不回頭顧家則去水亦似是而非其貼身左右枝水縱裁割如畫穴之僅可毫發不必即敗若誤認水玄如帶是得一而廢百也蓋水貴圓抱而來去亦宜朝拱書云拽索曲斜來此處莫安排又云水若回頭號顧家水不顧家家必破觀此而去之來去可例明矣

曲水斜飛格

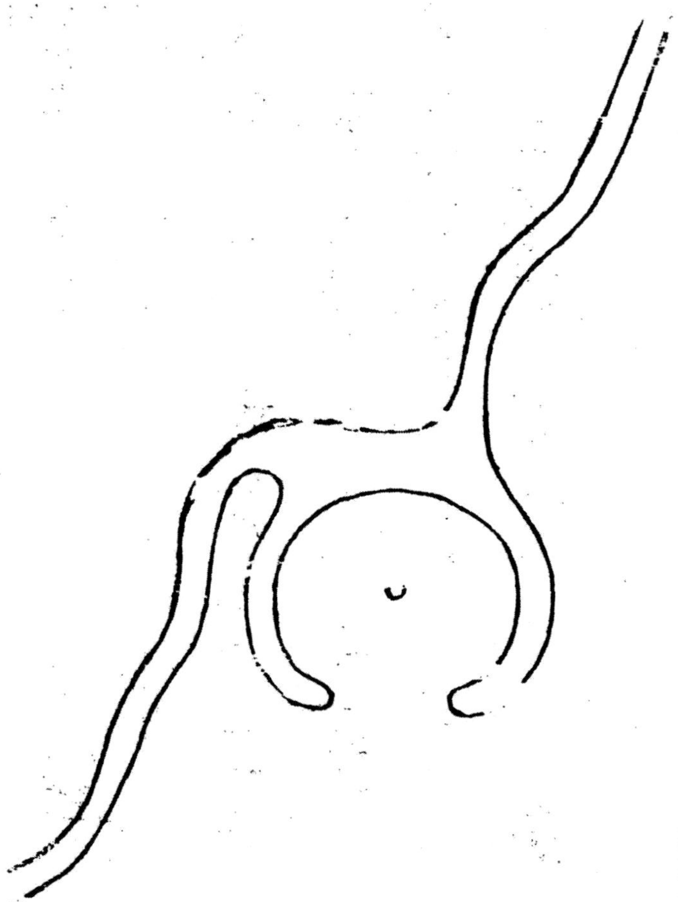

凡來水須就身貼體環繞周匝若過穴而斜流謂之斜飛過穴而反去謂之反跳皆以其不能衞穴也雖一邊圍繞而一邊或反或斜穴氣從此便洩矣隨聚隨散氣不融結縱能發福亦不悠久經云水纔過穴而反跳一發便衰若水自橫來而過穴反去則左右俱無水抱雖有枝水兜收全不聚氣穴之必禍矣經云來不揖穴去不拜堂形勢遇此敗絕如響正謂此也左跳長房當右跳小房絕

水城反跳格

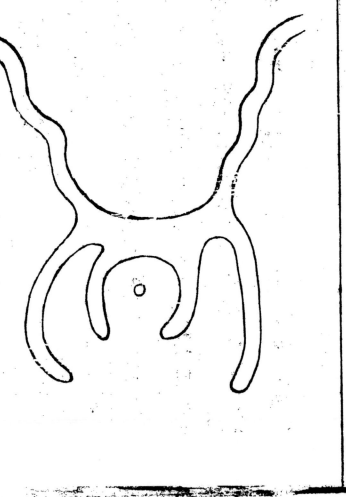

凡水須要就身環抱如帶如弓左右拱夾則眞氣凝聚
而結穴抱東則氣聚於東抱西則氣聚於西經云界水
所以止來龍彎抱所以聚穴氣此勢穴前水反圈而上
猶如反弓仰瓦左右不就身抱下而反跳斜飛其情實
向前而不向後穴之左右雖有枝水夾護似有情而實
無情似聚氣而實不聚氣穴之雖或暫發終必退敗葢
水最忌背城書云背城反跳徒流邊配遠方遊如以枝
水回抱遂認爲左右拱夾而穴之誤人不淺矣

水城反跳格

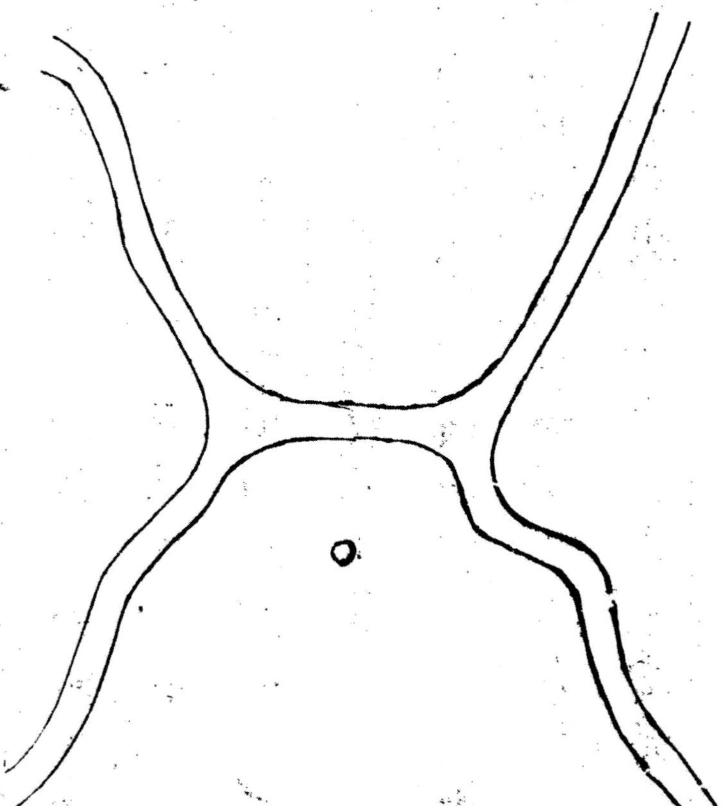

凡氣所聚之地其砂水必能歸向留戀則如拜揖回

頭則如勒馬俯伏則如眠弓水象則似之似元纏繞顧家如不忍去經所云揚揚悠悠顧我欲留是也若左來右反右來左反或前來後反後來前反及前來如倒書人字後來如順書人字源頭水尾竝無兜收勾抱之勢名爲四反之穴主子孫忤逆無父無君父子兄弟相殺小則刼奪村鄉大則謀反叛逆殺身亡家覆宗滅族之地也左反主男人逃盜右反主女子淫奔前反主瘟疫後反主火災前後左右俱反主忤逆遭刑絕嗣切不可以四水交流疑爲好局而穴之也

來水撞城格

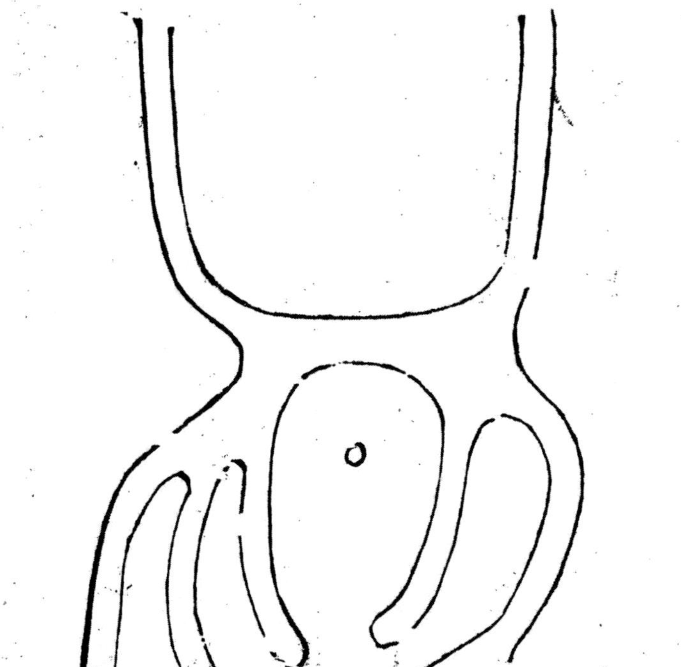

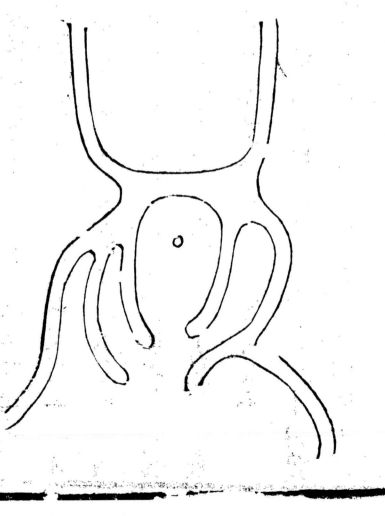

此水或左來夾身從右而下、或右來夾身從左而下、穴前水如帶如弓左右又有枝水合界拱夾兩旁、其大段形勢似乎聚氣可觀、然必明堂左右有曲水來朝方爲美地、今局前來水其直如箭畧無屈曲、則穴中眞氣又爲來水射破、穴之者雖發財祿、子孫必遭徒配、如左來右去、右來左去、或左右俱來、而穴前分作兩股流去、直出如箭、更無池河收畜、尤爲不美、敗家絕嗣往往由此、學者審之

來水撞城格

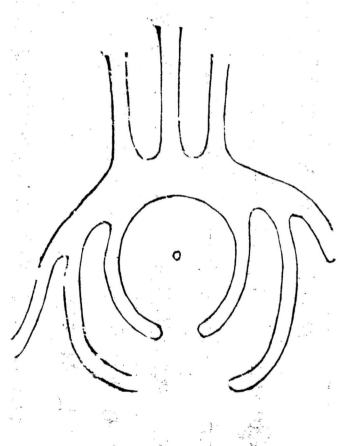

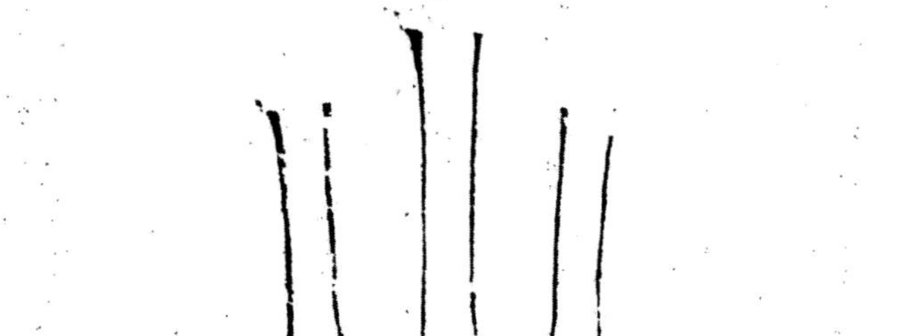

此穴前彎抱如帶左右龍虎緊夾護衛形端局正似爲結地然必明堂水更得屈曲而來方妙此地有三路水直冲穴前謂之金鵝箭書云曲則爲朝直則爲冲此水直來撞城爲禍最烈又云一箭一男死二箭二女亡箭左損長箭右損小箭中損次若見斜冲主子孫從軍如在殺方尅犯刑戮甚而絕嗣凡穴前見此直水非池河受之必横砂遮之始能免禍經云爲人無後多因水破天心正此謂也

界水無情格

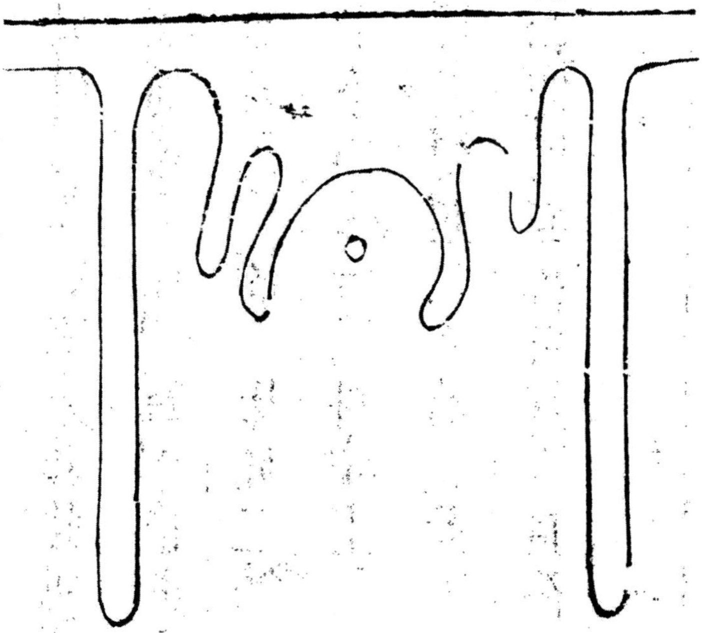

凡看地須要砂水朝抱就身向堂龍虎環夾方妙書云

大地卻如羊見犬隻隻回頭不轉正又如主人在座而僕從侍之四面環遮亦如星之拱北辰焉若龍虎直出無所彎抱形似推車謂之無情書云水如直去推車形砂不回頭堂氣散今此地龍虎直去砂不回頭其明堂雖見聚水而左右砂頭直去則水無含畜堂氣不聚穴氣不固矣經云龍虎所以衞區穴若不回頭其內豈有生氣耶此即內砂似勾亦不足取時師見有龍虎出堂便去指點未有不誤人者賦云內勾外直枉勞心可不審歟

界水無情格

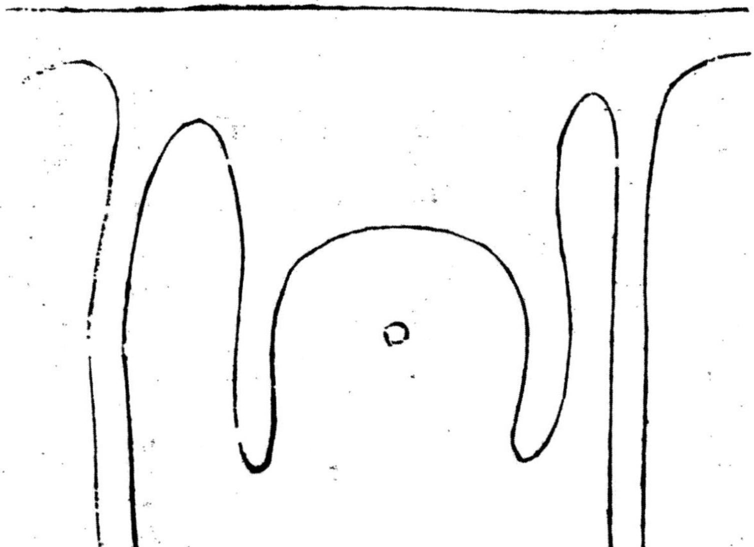

經云棹椅反張手足握拽敗絕之藏又云官不供職鬼不還氣忤逆之地主父子分居兄弟別離書云砂分八字水斜流田地不留坵是已

界水無情格

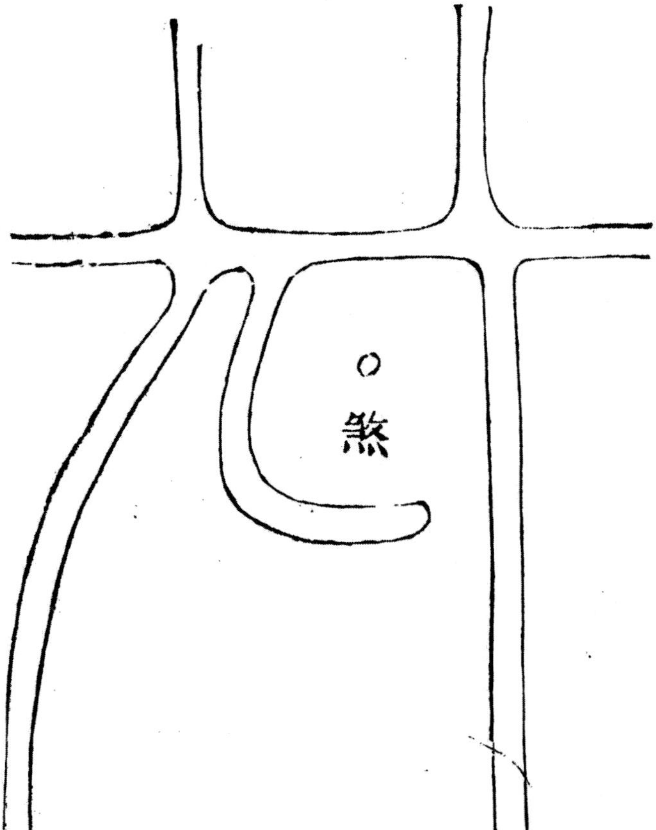

秘傳水龍經卷二

總論

此卷所論水龍乃論天星垣局係化龍山人董遇元述

景純氏之言而注者也董君不知何代人其圖行三十

六穴皆上應天星每局括以四言十六字中有駙馬京

堂等語乃近時稱謂其爲近代人之所撰有明徵矣品

列星凶隱與不猥苟非博綜象緯窮探甘石之學者安

能望其涯涘雖未必盡出於景純氏抑亦得其遺意者

歟至其撰句選詞博通典麗卓乎大雅之遺亦可見此

書之不同俗論矣予考楊公以選地理之家久鮮能文之士惟元之賴布衣奇才而生蒙古之運佯狂詩酒晦跡寰中每有詠歌文彩爛發見於會稽諸縣者可驗也向以爲才如賴公無與比者不意又得之董君形家者流何其多才歟觀其所論天星但取水形相似者連類以求蓋非無本古語不云乎在天成象在地成形地之形與天之象遙相應合確有其理豈傅會哉以此知天星垣局與世人所傳二十四方各分星躔者相去天壤葢地有定位而天無定位雖消長五行運乎死生信耳

不如信目信目不如信心世有此書即謂景純精神至今尚存可也大鴻氏筆記

郭景純水鉗賦

天壤浩渺三辰顯晦一氣循環五行榮悴江河以流山岳以峙陰陽爲生陰寒爲死自昔哲人象天則物因地察義氣以載理磅礴無疆理萃氣聚陰谷生陽地出川岳天垂斗星漠乎一氣同情異名眞穴奇形死術曜明天施順布地德上承葭管飛灰孕懷百靈鑄以形氣剖以吉凶陰陽相禪五運森聯舉一遺二乃術之偏欲識

其地、先觀其天、欲得其形、先鉤其元、禹跡茫茫、誰能諦
觀、不察其流、孰知其源、滔天漫衍、疊疊淵淵、乘氣而行、
子母相援、夫婦交媾、剝換蜿蜒、柔利為吉、激射為嫌、土
水厚重、金水圓清、木水挺直、火水飛騰、臨涯眺瞰、不失
其形、（木変水則相親）金木相攻、變水則比、水火相戰、木旺尤忌、土神生
金、最畏逢木、木星帶火、刑家傾覆、趨畜之處、各有關軸、
胞胎死絕生旺官祿、沖剋刑傷、災祥迅速、

星鈴篇

嗚呼長江、鴨綠大海、無涯汎濫、洶涌蛟龍、夜棲界之罔

極索之愈疑雖有曲折不忌逶迤運啟天鑰君子弗題
下逮淮泗峽江漢水巨脈縱橫沿洪觸涘州邑鄉井龍
神所據旋垣轉屏脈隨氣萃揚眉達眺精采爽會州澗
洋洋容江入湖三十六穴景純所圖晉末之時仙音既
徂唐宋以來水法虛無青烏石匱發自何年不載他祕
唯說水鉗水鉗龍法出諸景純紛錯糾纏形難具陳得
魚忘筌須悟以心水纏砂轉蔓延若眩認根識榦認枝
識葉山亂勢奔水亂勢結蛛絲浪萍隱隱冥冥入土不
減入水不湮上哲辨氣下哲辨形形氣俱得殃福自眞

視淵若淺視寘若喧元而又元難以言宣古人已往徒存糟粕東南和暖西北凜冽雪冰未消湖水易洩揆高衡平坐氣得穴寶鼎炯鎖虛簷雨歇彊弩發機遊刃赴節蝦鬚蝻眼元論紛紜蓋黏依撞法在胸唇神不傳目化不傳心庸師憒憒五行不分既泥羅經又多謬星指生為死報假為真上瀆天垣下毀地形靈暉不照白晝黑昏幽堂怪恨禍滅身傾斯理渾渾授受遵循用照真秘啟後迪人

水龍經卷二終

秘傳水龍經卷三

總論

此卷專言水龍象形肖物之義、與天星垣局、厥指相同、葢天有是星、地即有是物、水能象星、即能象物、大要與玉髓眞經、歸於一例、原本亦云景純氏作、但其文不古、比之星鈴、有雅鄭之異、或屬後人之傅會、未可知、予最喜其篇首山郡以山爲龍、水郡以水爲龍、二語、爲地理家千古開闢之論、必非淺學者流所能希其萬一、其餘文多粗率、義多穿鑿、略之可也、又云水口交鎖織結雖順亦吉、局內爭割箭射、縱逆何庸、此眞道達之識、觀其圖局、如草尾露珠雙龍戲感入懷華蓋諸格、皆深得水龍微妙作法、而亂中取聚則又裁穴眞機、確乎不易之論也、夫喝形點穴、予於山龍、極論其非、豈於水龍、獨反其說乎、予之爲是言也、亦緣世之論平洋者、指示形局、專取地之形爲形、而不取水之形爲形、故博搜其義、以破世迷、使成其爲一家之正論云爾、讀者因其文節取、知所變通可也、大鴻氏筆記、

水羣肖象格說

山郡以山爲龍水郡以水爲龍三吳諸郡江楚二省枝榦交流一圩之地不過里許前賢謂以水爲龍正此處也相水認勢葬得眞穴富貴悠久經云江淮大地無龍虎渺渺歸何處東西只把水爲龍葬後發三公萬里無山英雄迭出其貴在水雖浙閩多山之地皆有山脈亦作水龍至於蘇松之地近海通湖六時潮來六時潮去來口便是去口去口便是來口兩頭會合爲交媾潮退兩分爲乳蔭妙處在乎潭漩生活喜其之元潭漩則積聚百倍之元則變化無窮屈曲來朝不論大河小澗皆是

流曲抱無分江海總歸經、六地道剛柔神變化、中流聚處引元機、小水聚多而愈妙、直來縱大不爲奇、內直外勾多巧結、內勾外直枉勞心、橫過抱身爲抱局、曲朝對面是迎神、進局入懷須兩邊之抱、應流來入股貴四畔之包藏、前後特秀、即爲華蓋、附身交合、便是金魚、兩來合局是朝星、二派交流爲合脚、六建四邊皆護衛、三陽出面是趨迎、金魚腰帶旋繞彎環、弓局天虹當前入抱、上下相朝號作雌雄、兩感遶身方正名爲華蓋、幞頭裏收浜奇特、隨見榮華、穿珠垂乳源頭即時富貴獻瑞

藏秀局，富貴千秋。殷無纏而驟發迎神、
格出神童狀元、四龍戲珠、大富大貴、周圍環抱、悠久無疆、
交劍格，生武職、催官盤繞出文臣、左右仙掌俱富貴、
蓮花垂仰定陰陽勢、若踢毬須得趣、形如飛鳳翼宜長、
仙掌撫琴登甲第、捲簾殿試耀巍科、一水小曲盤蛇局、
兩浜對抱是開弓、美女獻花生秀氣、排衙形局出官僚、
太極一源真富貴、蜈蚣百足產英雄、蝦首富而雄豪、金
城貫而悠久高朝局、大一發便休、草尾垂露、絕嗣出姓、
順風行舡而名顯、順水捲簾而入贅、飛旛舞旗、真貴格、

朝元顧祖是眞龍羅帶風吹發福遲而能綿遠金魚伏
後先富饒而後榮昌插花垂帶衣食從容進局入懷字
福悠遠金鉤宜轉腳朝元要水多裹局濶大而不可交
牙緊夾而有情日字或凶或吉鞋城有僞有眞盤龍局
勢盤中取虹食彩霞聚處尋擎傘扦宜垂尾龜紋局取
中央雙龍戲感合陰陽一水垂絲鉤裏取四水歸朝防
散亂聚堂旺局忌乘風砂水相關眞妙格迴龍顧祖巧
規模勢看排衙裹局脈宜朝聚多情蛛絲團結聚處安
扦重抱盤旋小多愈妙中單垂乳有外抱而財祿豐盈

土宿聚堂得秀朝而甲科赫奕四勢不流元氣聚一灣環抱福天然橫宮龍穴生榮顯借合穿龍主發財出水蓮巧而生秀流帶局活動爲榮格似簷花須緊密勢如再節貴多枝花蕊靈芝蕊多最貴亂中取聚衆聚方奇來長去短禍蔭無疆射脅穿心禍殃立至大抵來宜屈曲去宜之元急流者興衰無定凝聚者福壽綿長水口交鎖織結雖順亦吉局內穿割箭射縱逆何庸此等水法殊致最微知此者固鮮而能講求而切究之者亦未可數覯也已

以下諸格形體圓者爲金城、曲者爲水城、方者爲土
城、直者爲木城、俱係富貴之格、惟火城尖利煞重、故
忌受穴

六建格　出神童狀元宰相

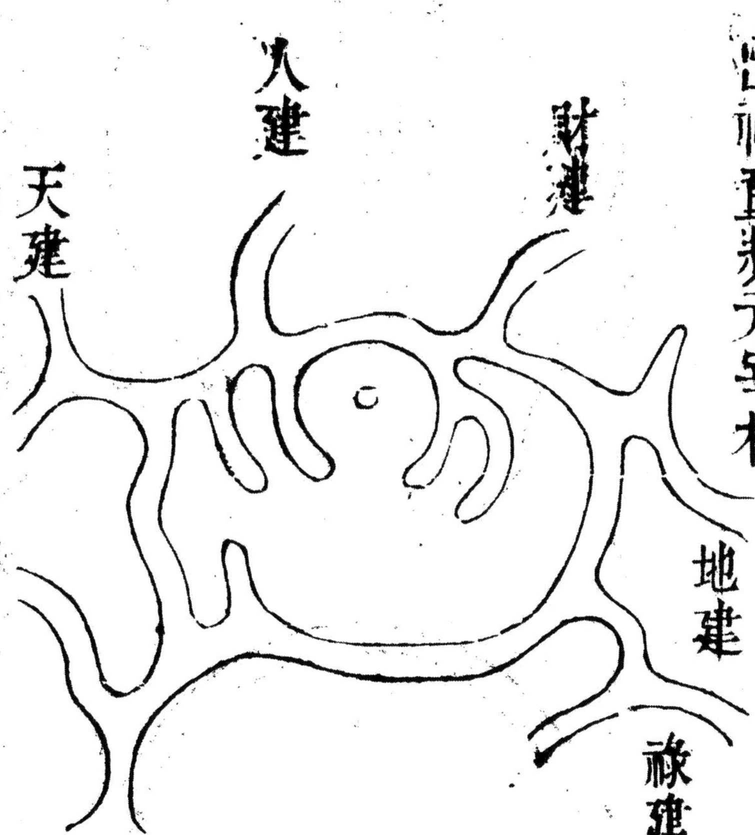

金魚腰帶格

此格無枝流靜水雖富貴不久

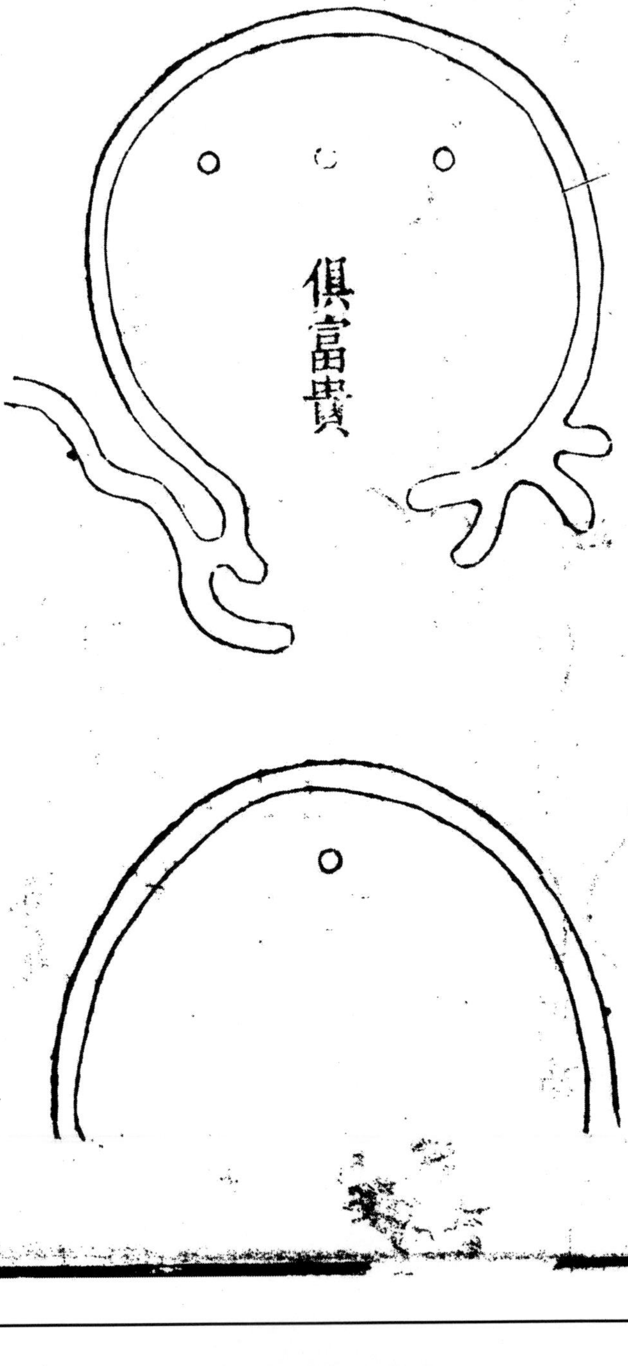

弓局格

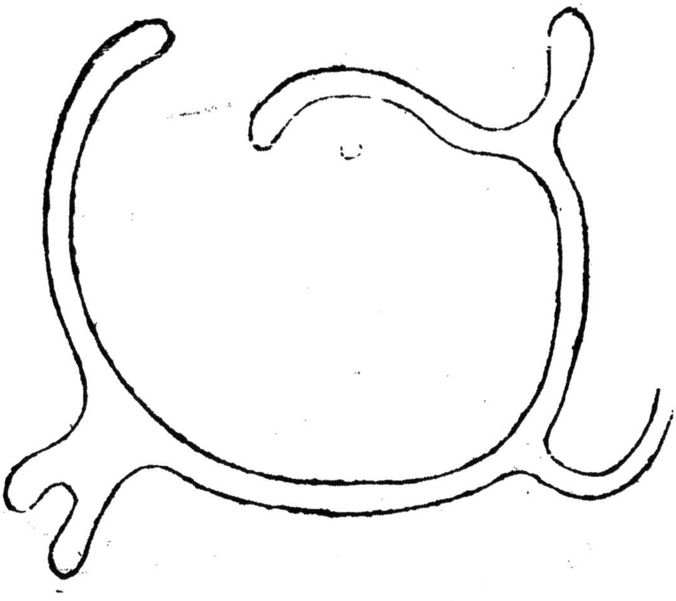

雌雄感秀格

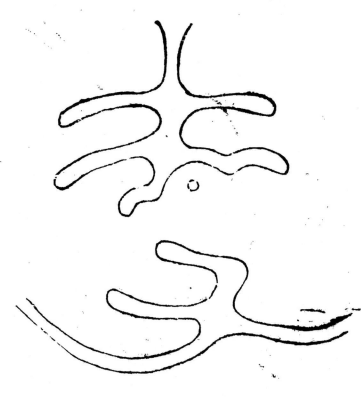

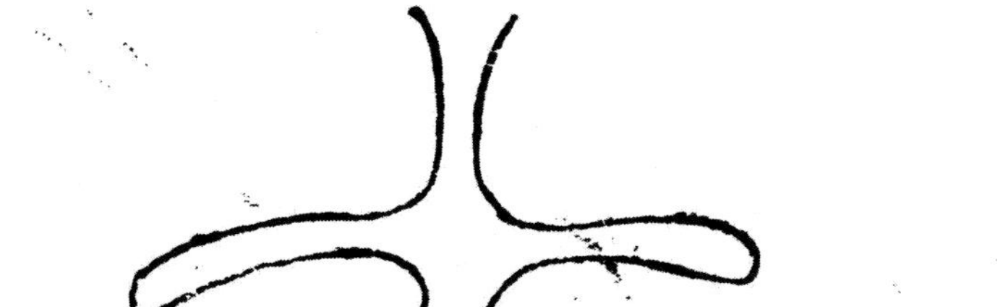

峡頭華蓋格

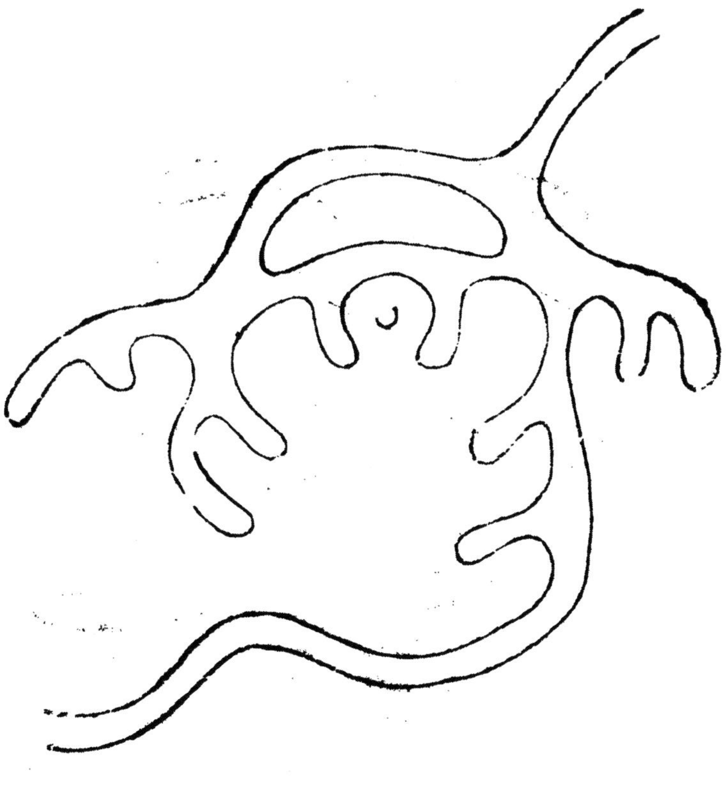

牝牡華蓋格　出文武全才

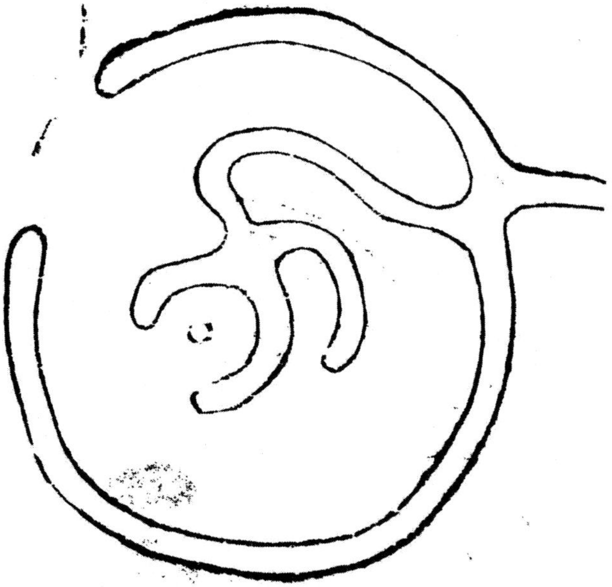

叉股格

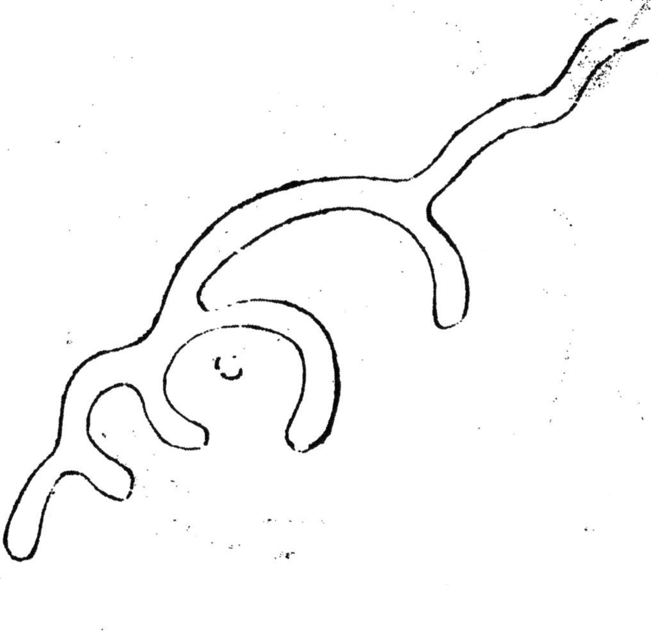

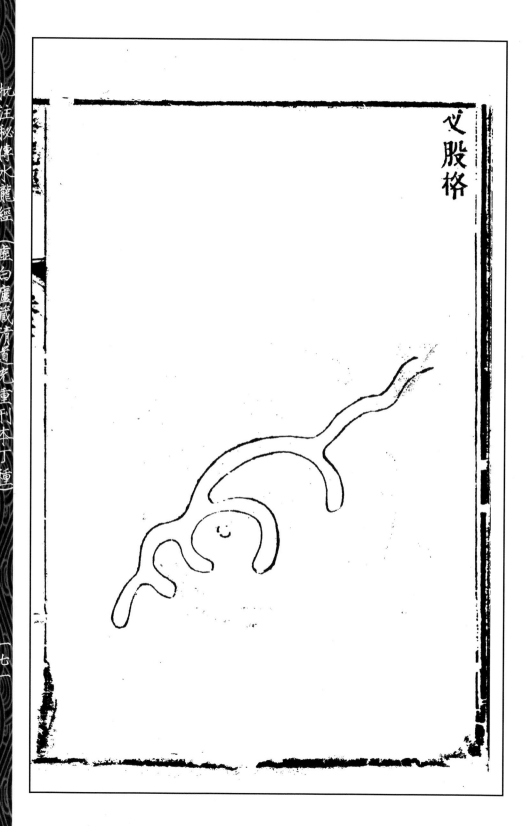

迎神格　出神童狀元

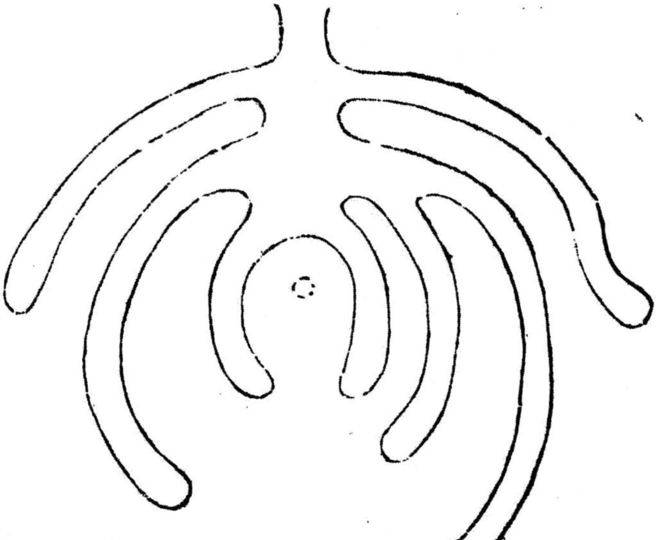

四龍戲珠格

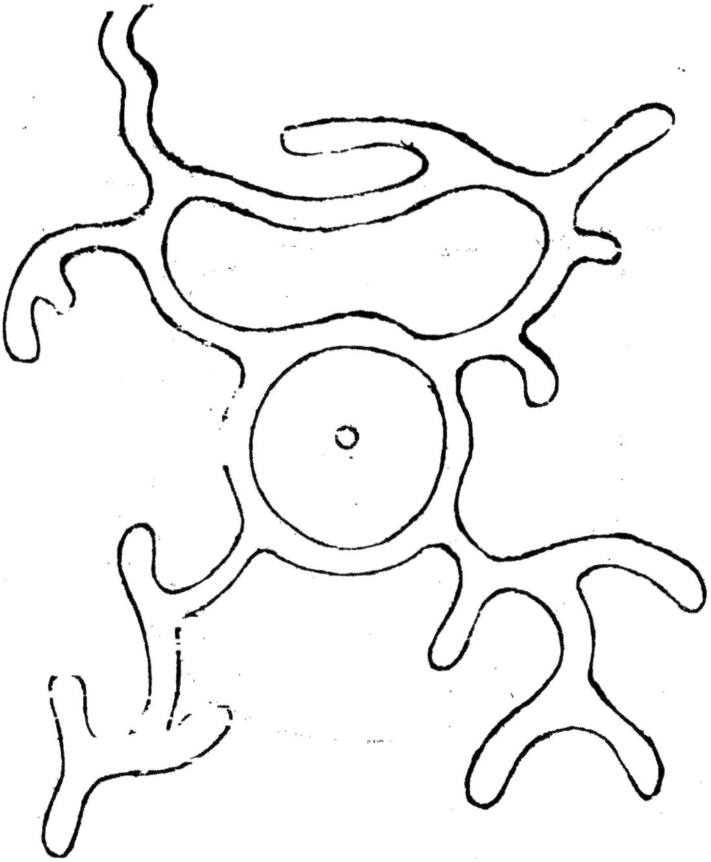

交劍格　生武曜

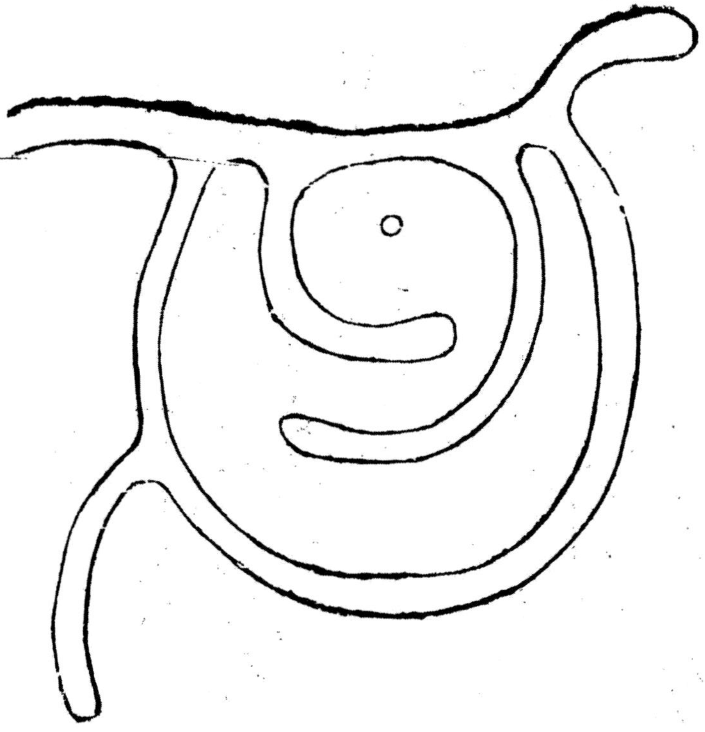

催官格

發臣

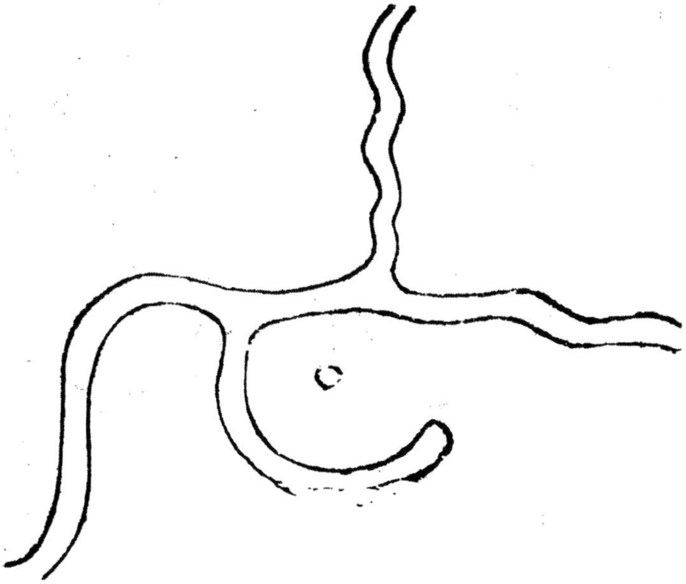

左右仙掌格

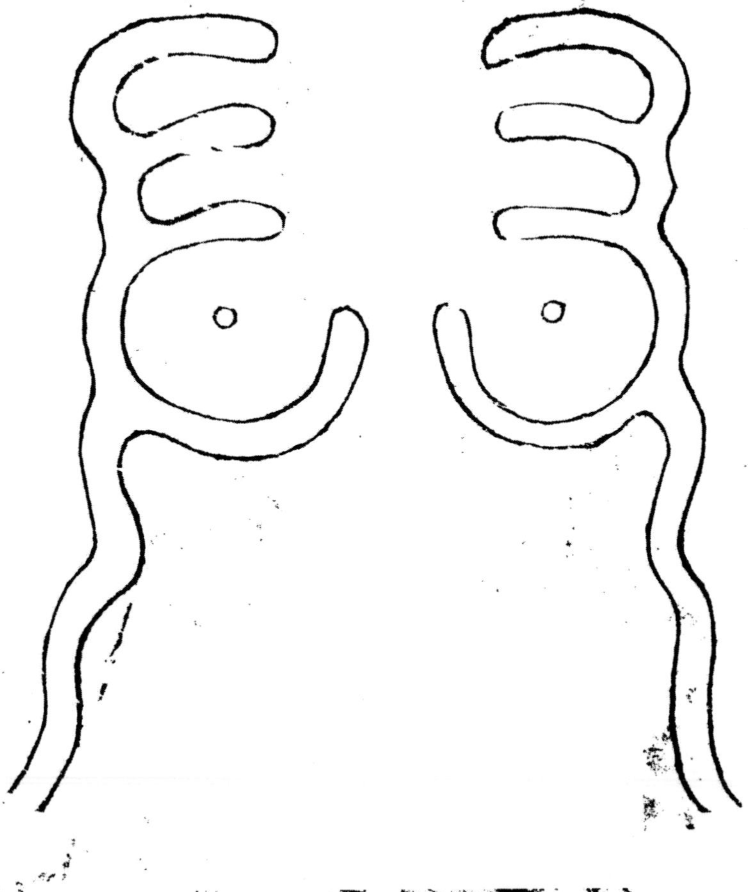

垂仰蓮格

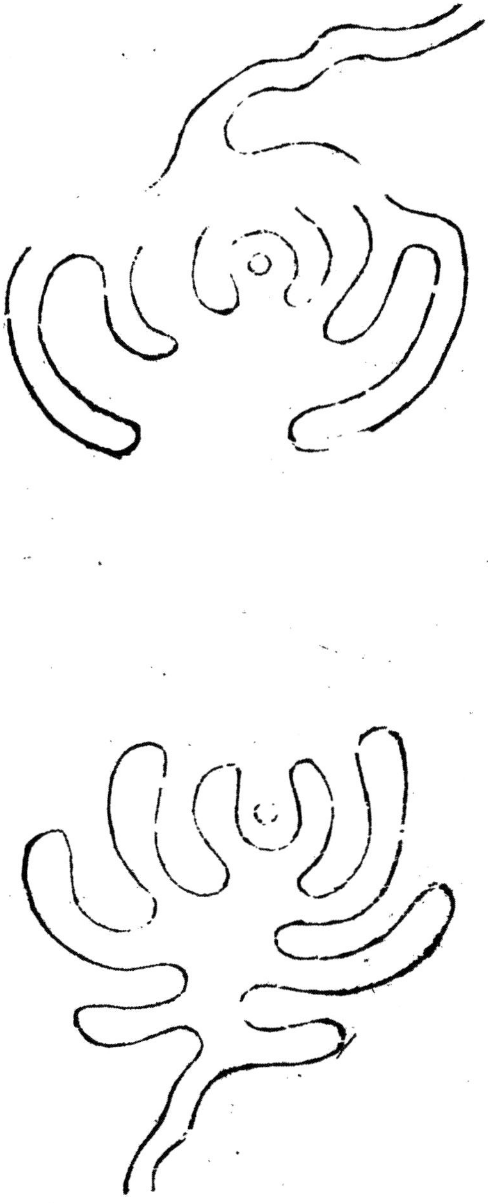

踢毬格

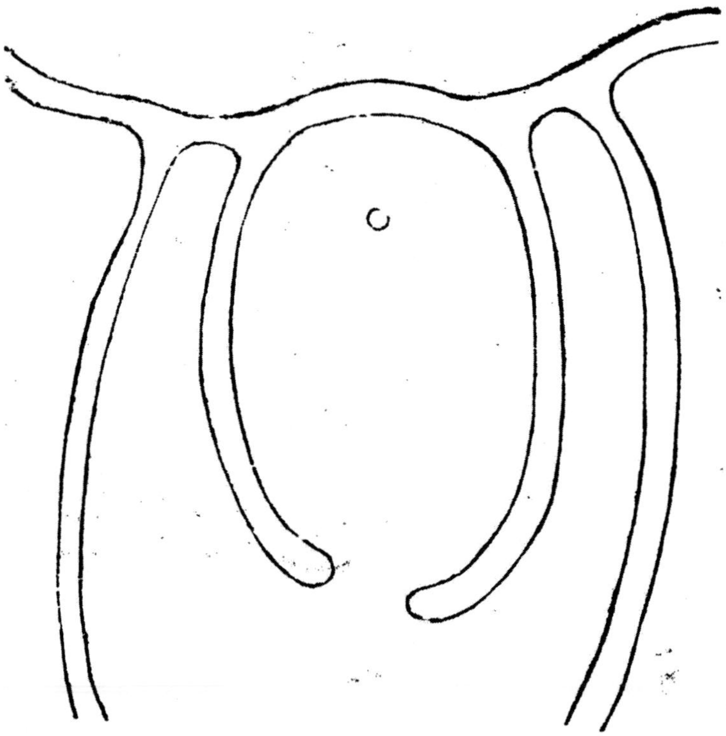

飛鳳格

翼宜長

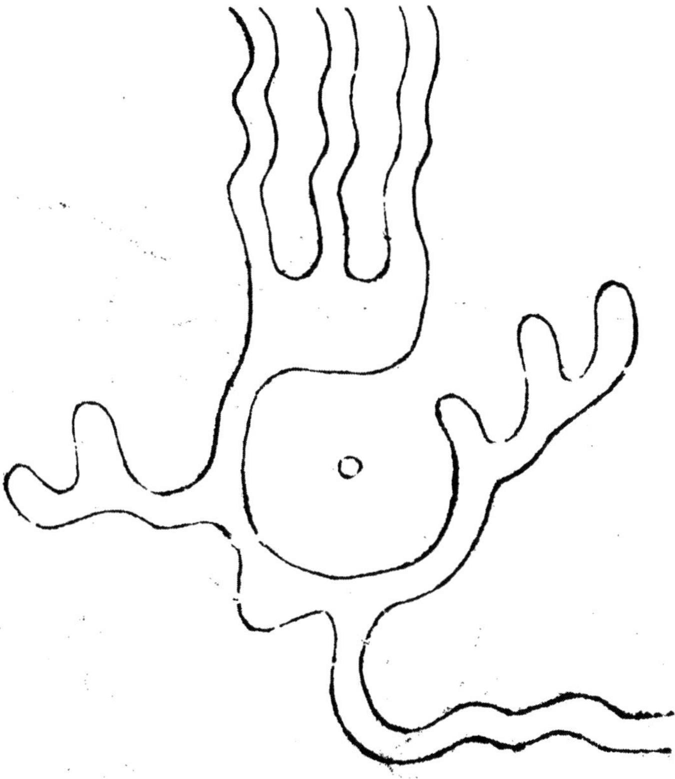

仙掌撫琴格

登甲第

垂簾殿試格

登甲第

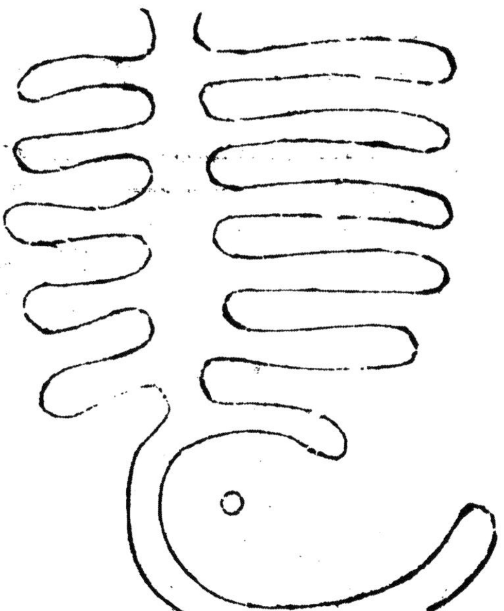

盤蛇格

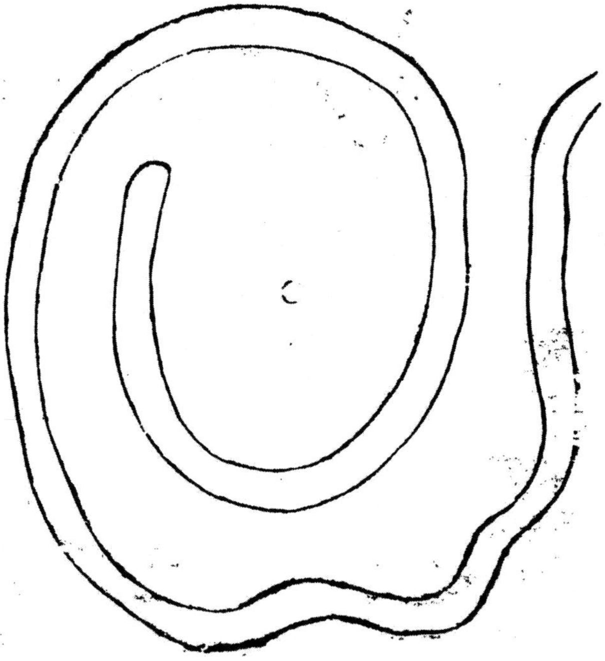

開弓格

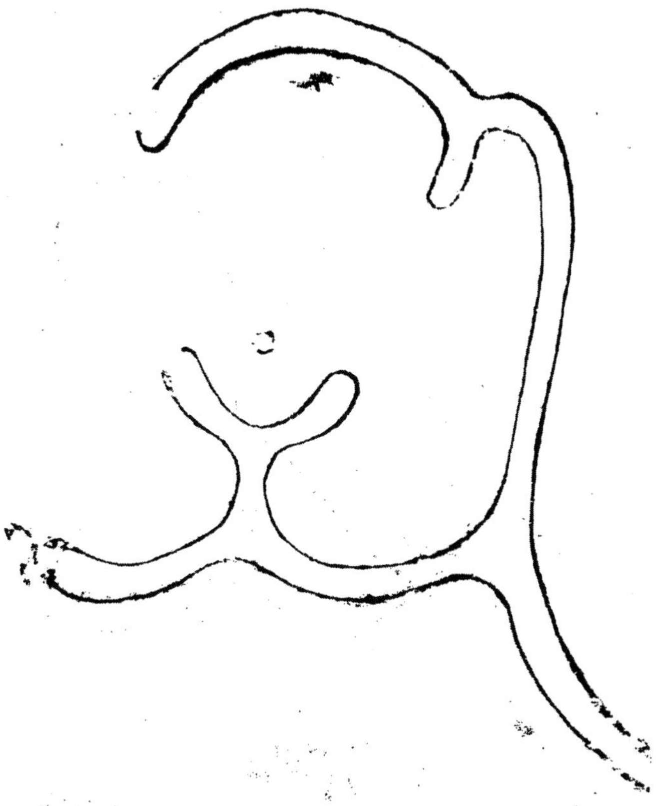

美女獻花格

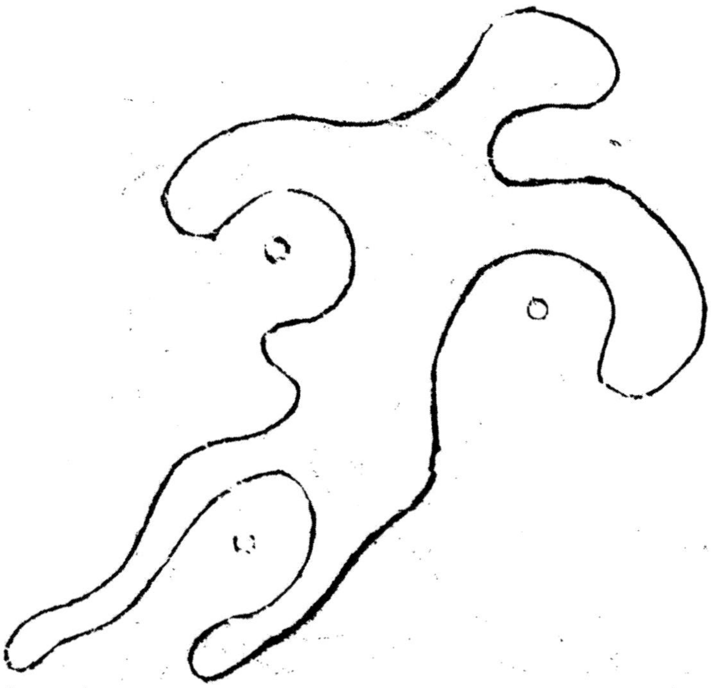

排衙格

出官像

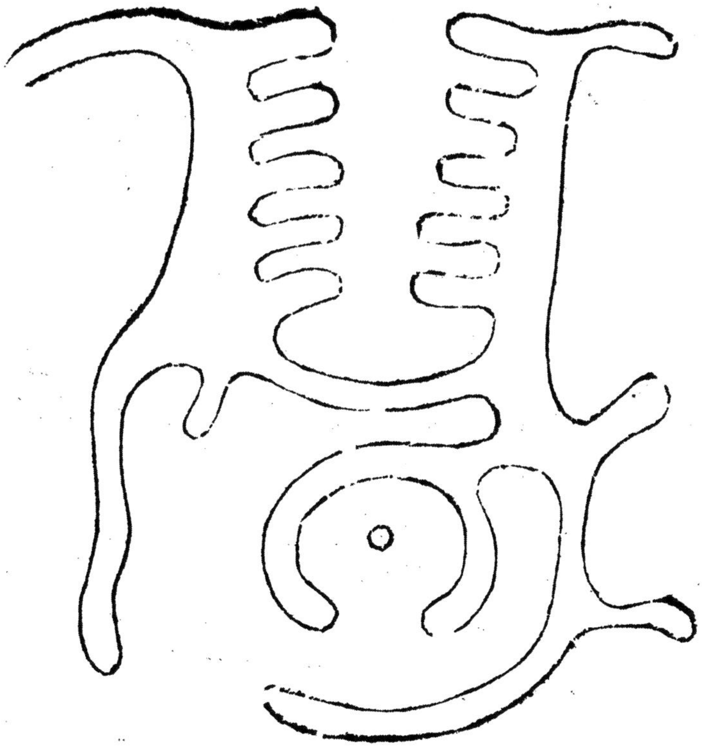

太極格

富貴双全

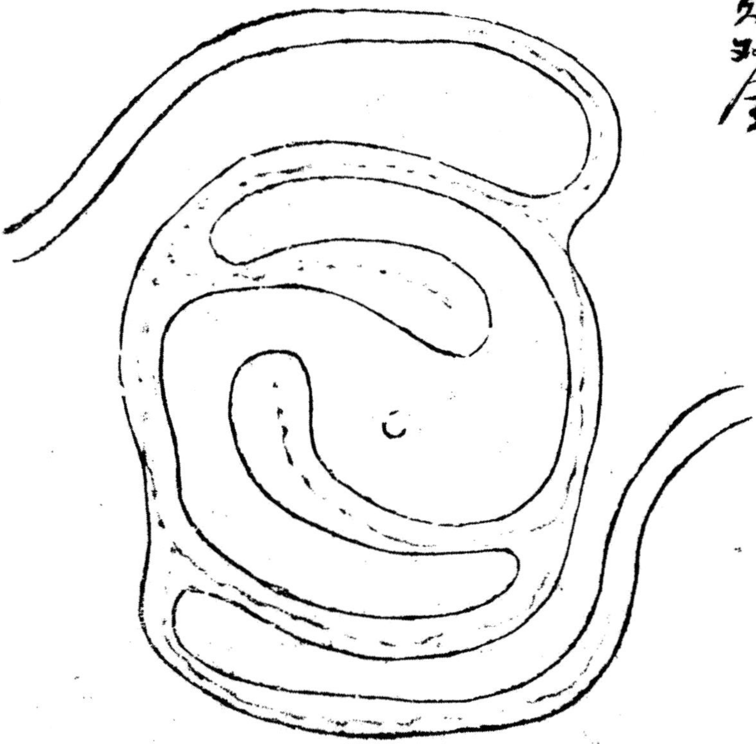

蜈蚣鉗格

產英雄

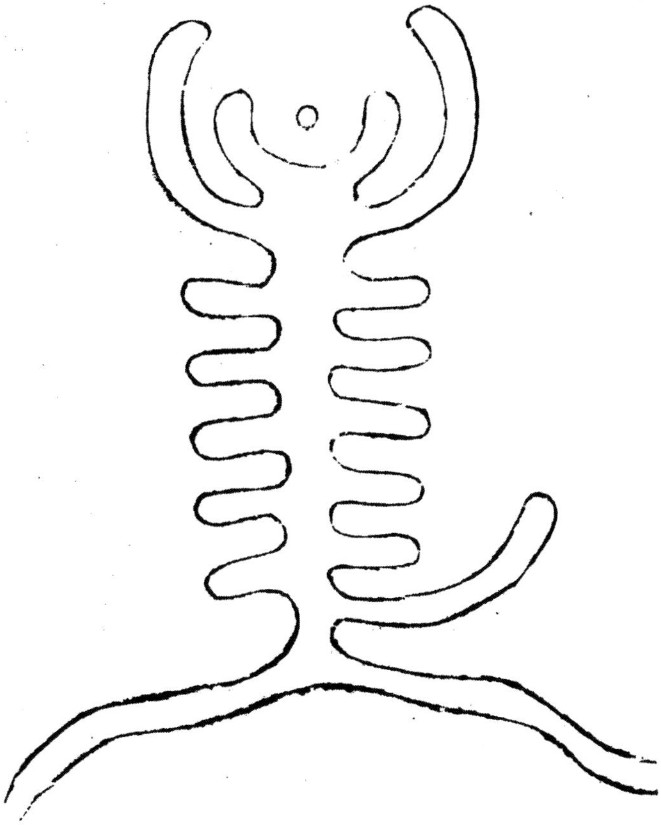

蝦首格　富而雄豪

草尾垂露格

絕嗣出姓

順風船格　名頸

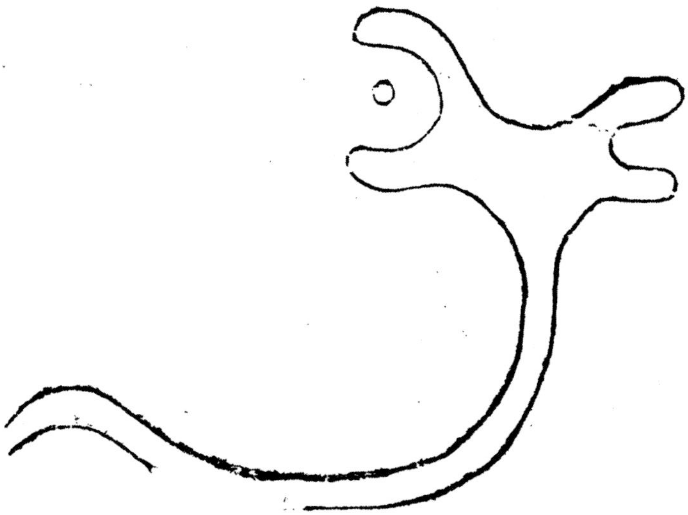

飛旛舞旗格

貴格

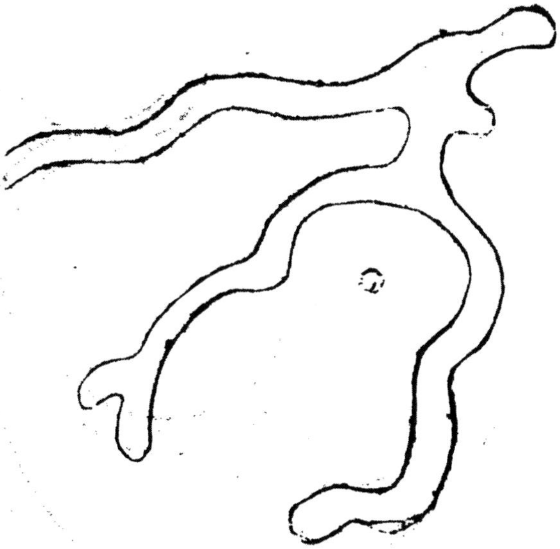

迴龍顧祖格　又名朝元格

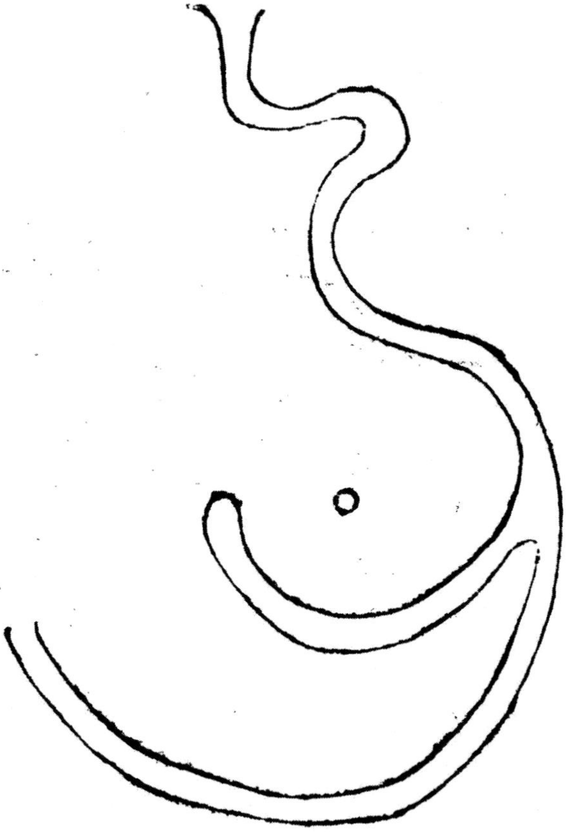

風吹羅帶格

發禍遲而錄綿遠

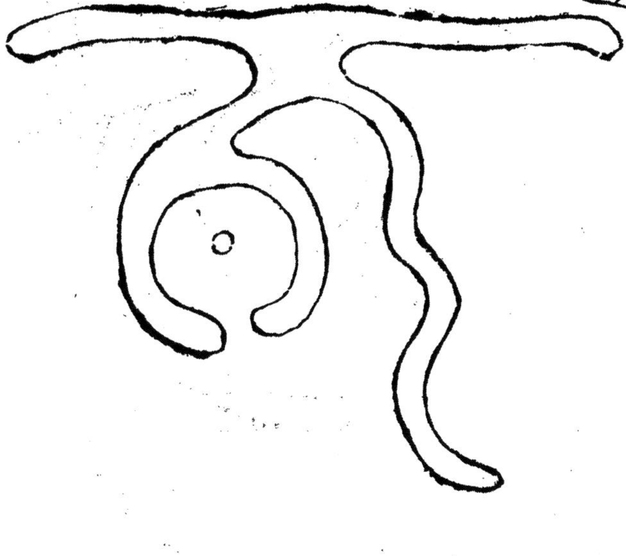

伏陰金魚格

先富饒而

後榮昌

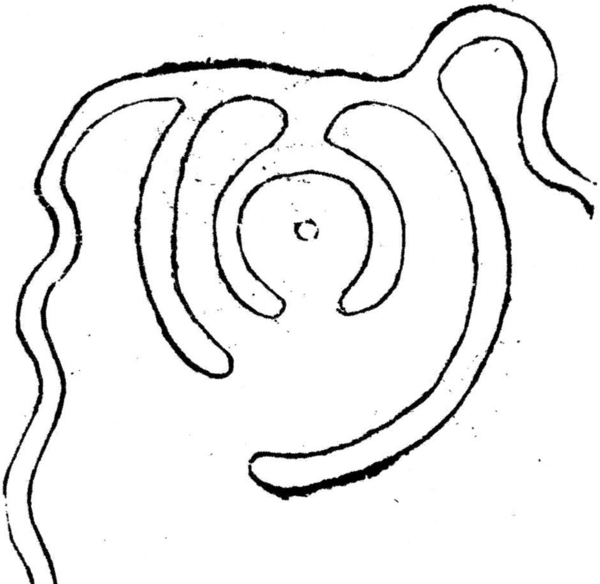

插花格

水會從容

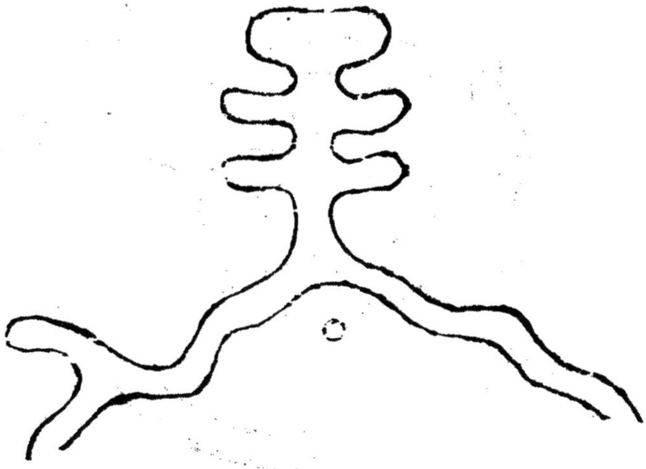

入懷格

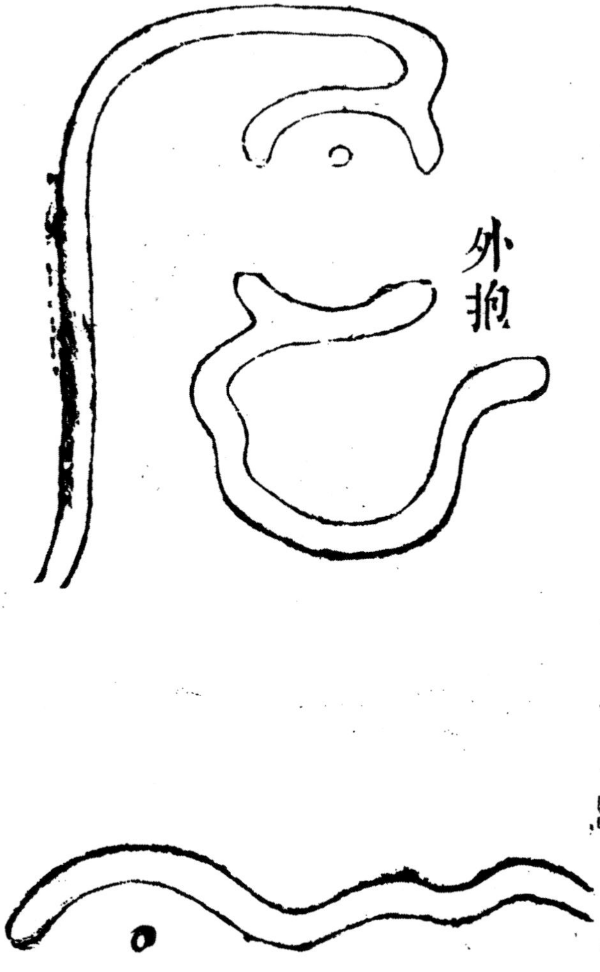

進局入懷

享福攸遠

金鉤格

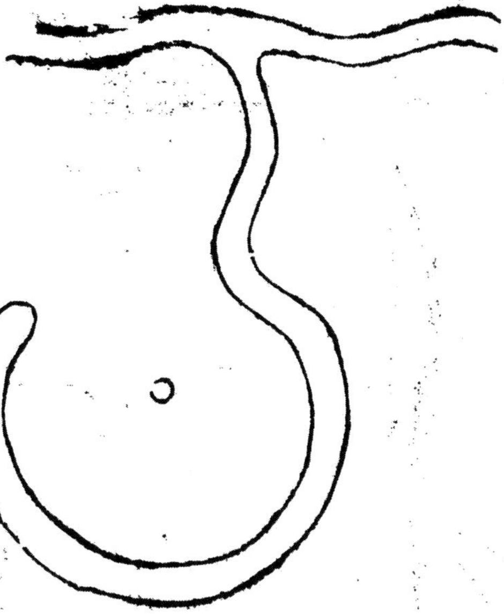

雙鉤格

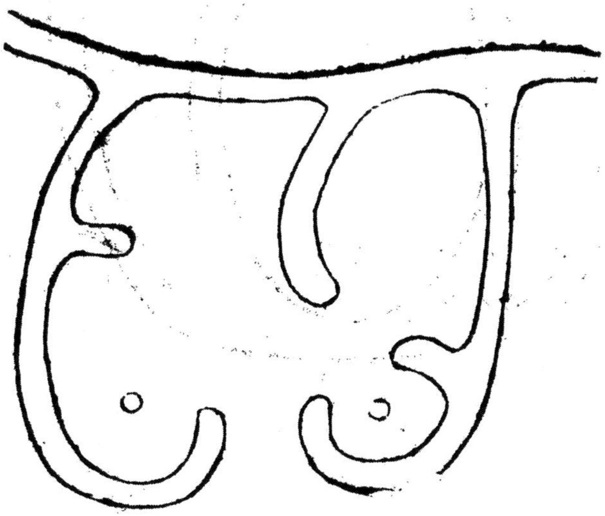

朝元格

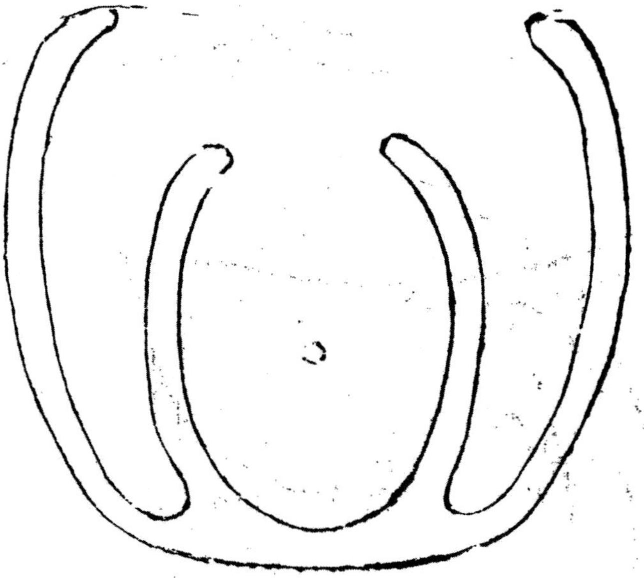

日字城格

戍山戍吉

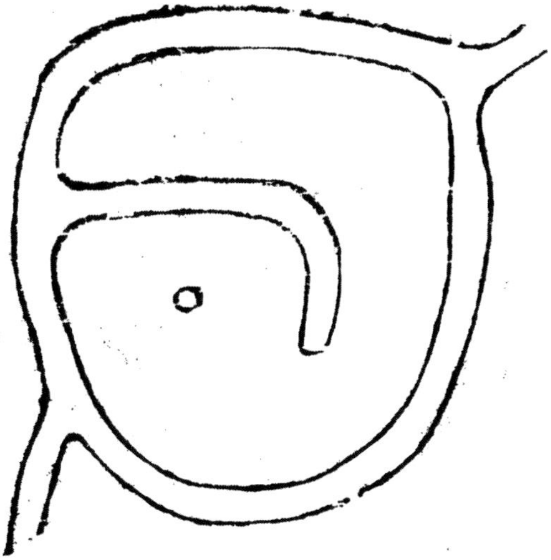

鞋城格　或凶或吉

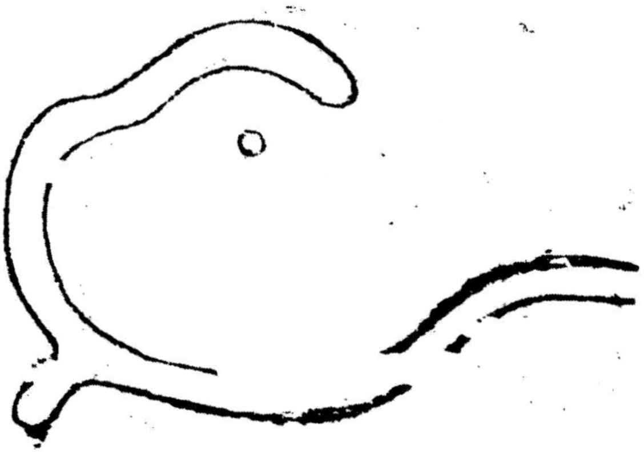

蟠龍格

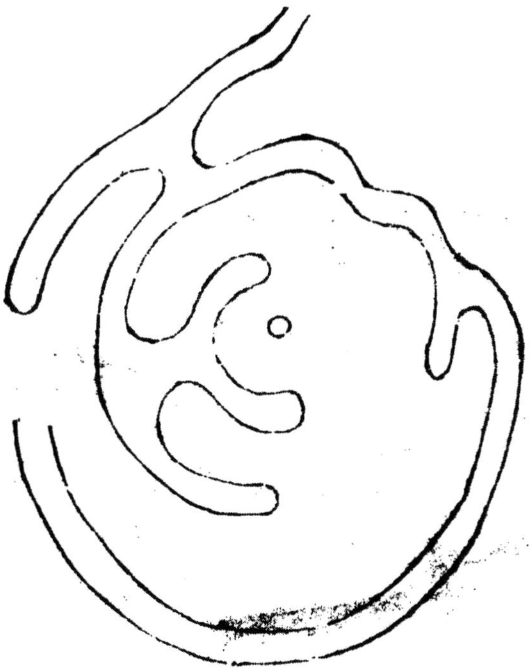

虹食彩霞格

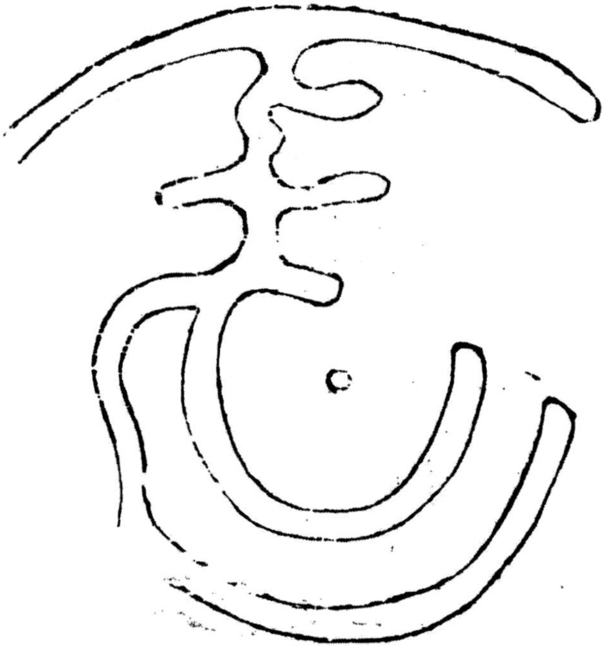

擎傘格

宜打垂尾

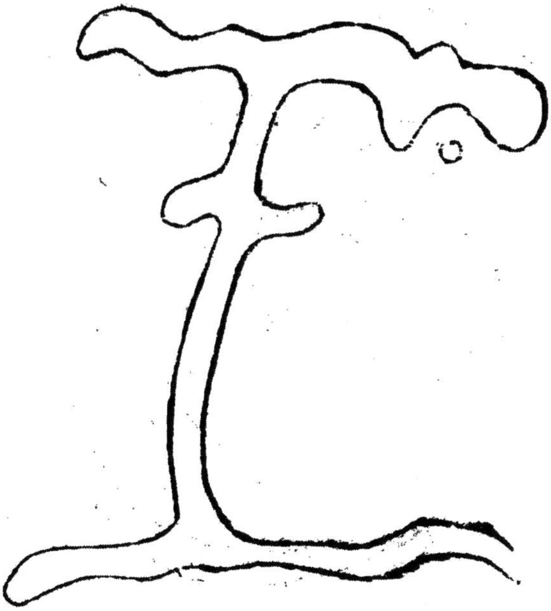

雙龍戲感格

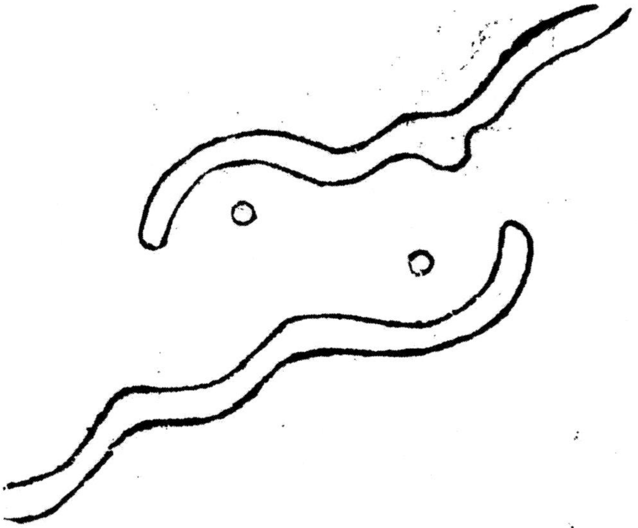

聚堂旺局格

忌乘風

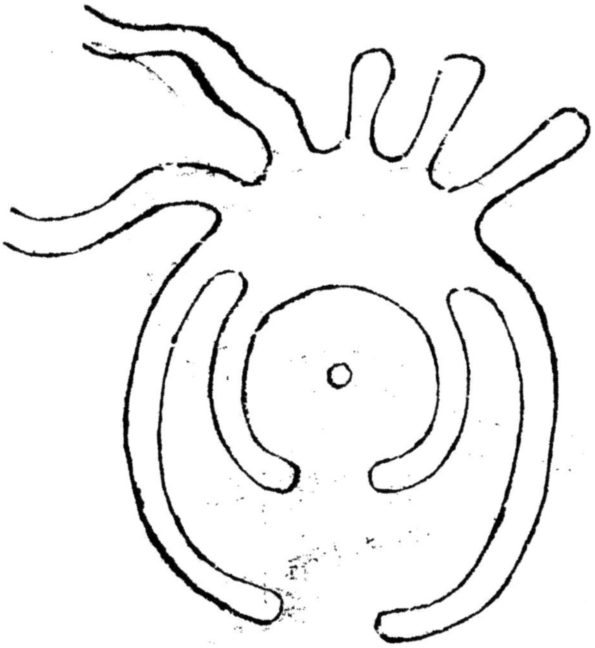

中軍垂乳格

有砂抱而財祿丰盈

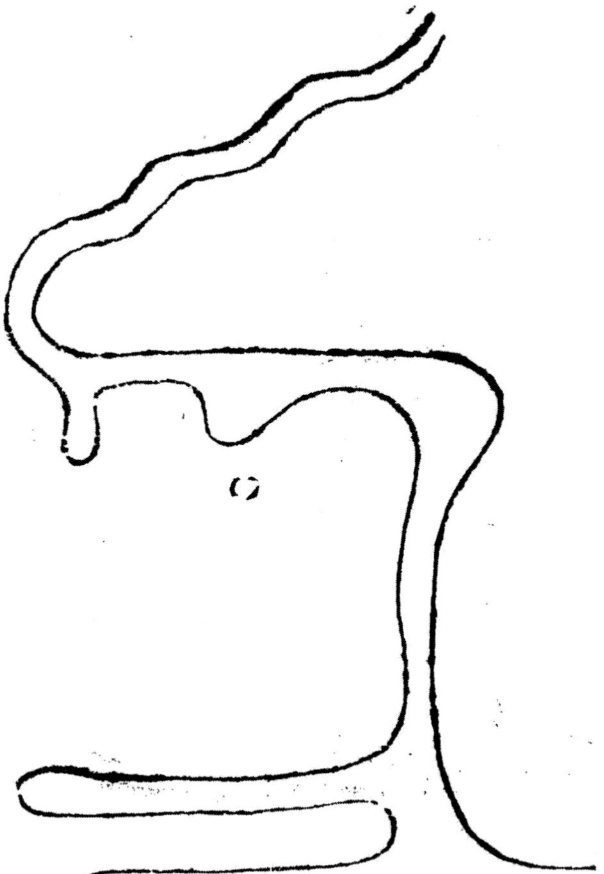

土宿聚堂格

何多朝而
甲科赫奕

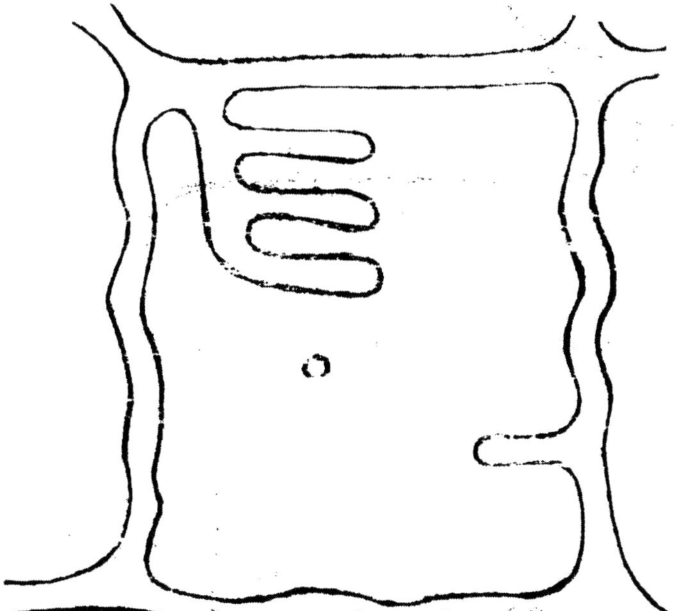

橫宮龍格

彎抱穴格

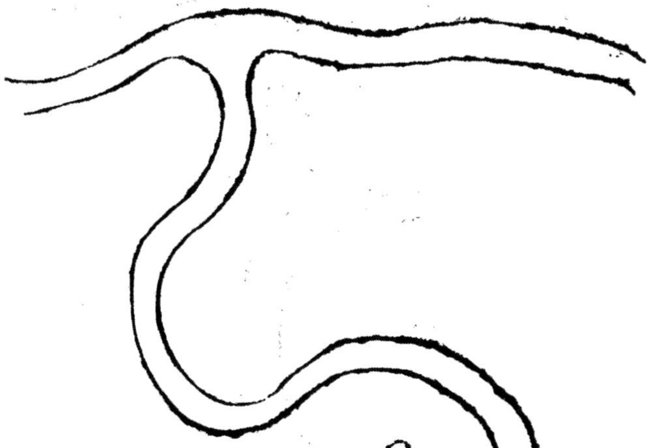

流帶格

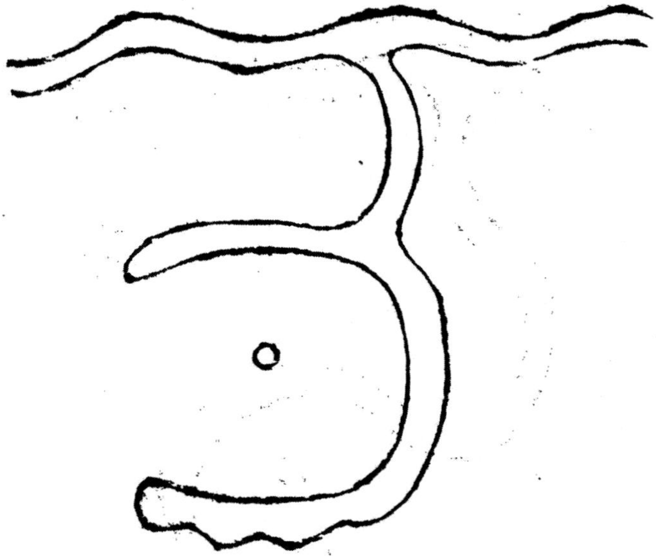

撚花格

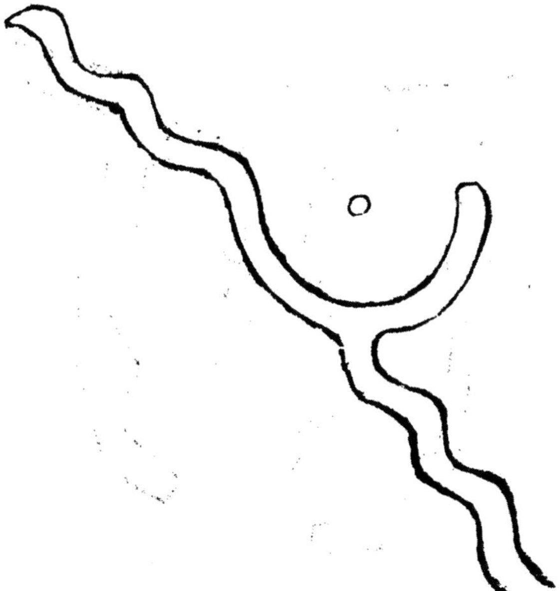

垂節格

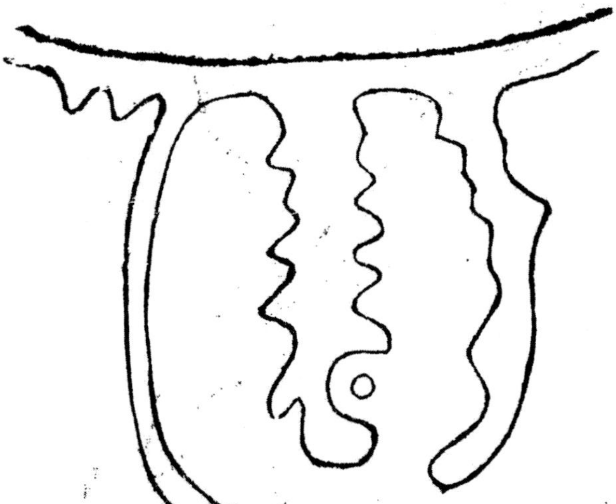

飛蕊靈芝之格

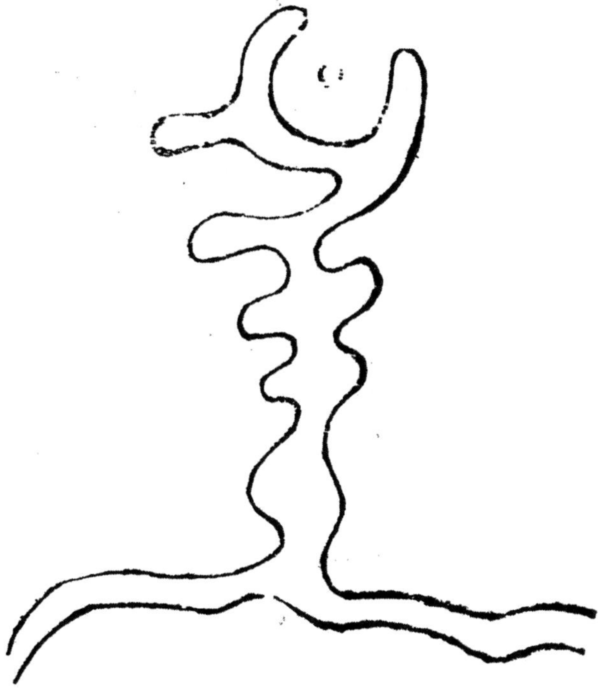

亂中取聚格

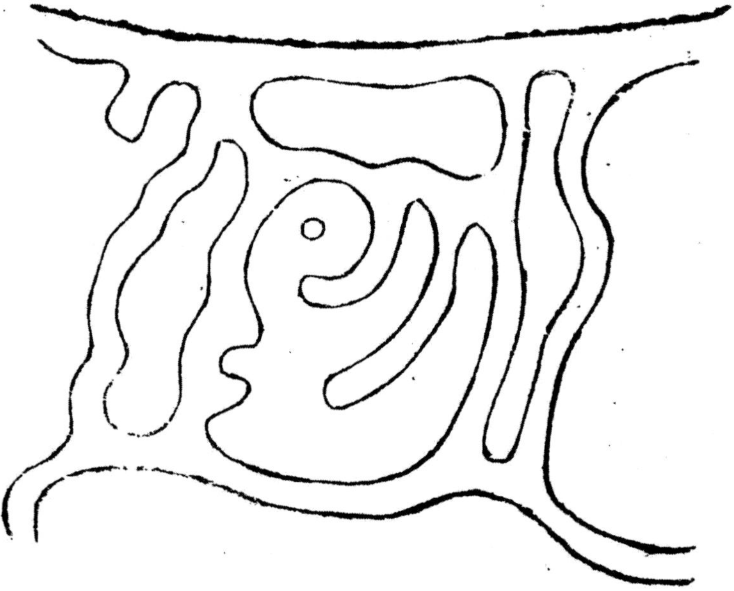

水龍經卷三終